健やかな育ちを支える
乳児保育Ⅰ・Ⅱ

髙内正子・豊田和子・梶　美保　編著

石井浩子・柏　まり・後藤由美・笹瀬ひと美・髙井芳江
土谷長子・長倉里加・深澤悦子・森　知子　共著

　わが国では，極めて深刻な少子化が叫ばれて久しい。国の政策として，乳幼児の医療費および保育所・幼稚園の無償化等，さまざまな施策を講じてはいるが，いまだ出生数は伸び悩んでいる。出生数は減少しているにもかかわらず，保育所では定員超過となり，いわゆる待機児童が，都会であるほど増加している現状がある。しかも，その多くは3歳未満児であり，乳児保育を必要としている子どもたちなのである。

　本書は，これらの問題解決が急がれる乳児保育について，保育現場の実態を踏まえつつ，2017（平成29）年に告示された「保育所保育指針」,「幼保連携型認定こども園 教育・保育要領」に準拠した形で，乳児保育の専門家としての技量を発揮できるような保育者養成をめざしたテキストである。改正された保育士養成課程（2019年度適用）の「乳児保育Ⅰ」と「乳児保育Ⅱ」の両科目に対応した内容を取り上げている。

　従来の施設保育士だけではなく，子育て支援センター等の地域子育て支援拠点，家庭的保育など広く乳児が育つ場で必要とされる知識と技術を身につけ，乳児との生活を創り上げ，子どもの最善の利益の視点から，乳幼児・保護者・地域社会に働きかけることのできる専門性をもった保育者をめざすうえで不可欠な知見や情報を可能な限り盛り込むように努めた。

　また，これまでの社会の変化の経緯を振り返ることのできる乳児保育の歴史の記述を充実させるとともに，乳児期の成長にもっとも影響を及ぼす保育者の心構え，今後の乳児保育の望ましいありようについての解説も織り込んでいる。

　テキストの活用方法として，第1章から第9章までが理論編（乳児保育Ⅰ）で，第10章から第17章までが実践編（乳児保育Ⅱ）に相当する。各章の分量は均等ではないので，その内容によっては授業時間を1コマでなく2コマ割りあてるなど工夫して，学修を充実させていただきたい。また，実践編では学生が保育所実習等で実践できる内容を取り上げているので，これらをひとつの手がかりとして，さらに応用発展的に活用していただきたい。

　これからますます社会から期待される乳児保育に，学生だけでなく，既職の保育者の方々にも新たな学びの手がかりとして，本書が活用されることを期待したい。
　最後に，建帛社には編集作業にあたりご苦労をおかけしたことに感謝を申し上げる。

2019年3月

編者一同

第Ⅰ部 理 論 編

第1章 社会における乳児保育─歴史的歩みとこれからの役割 …………… 2
1 戦前までの乳児保育の歴史 ………………………………………………………… 2
　(1) 前史─近世の子産み・子育て　2　　(2) 明治期から昭和戦前まで　2
2 戦後から今日までの歩み …………………………………………………………… 5
　(1) 戦後から1975（昭和50）年頃まで　5　　(2) 1975年頃から1990年頃まで　7
　(3) 1990年以降　8
3 乳児保育の現状とこれからの役割 ………………………………………………… 10
　(1) 乳児保育の現状　10　　(2) これからの乳児保育の役割　11

第2章 乳児保育の意義─子どもにとっての乳児保育 ……………………… 13
1 乳児保育の魅力 ……………………………………………………………………… 13
2 子どもの立場から「乳児保育」を考える─「子どもの最善の利益」という考えから ……… 15
　(1)「子どもの最善の利益」とは　15　　(2) 保護者との連携　16　　(3) 保育者の役割　16
3 乳児保育における「養護と教育」─「養護」面の強調 …………………………… 17
　(1)「養護」の強調　17　　(2) 養護と教育を一体的に行う　18
4 3つの資質・能力と乳児期の保育内容 …………………………………………… 19
　(1) 乳児保育　20　　(2) 1歳以上3歳未満児の保育　21

第3章 乳児保育が行われる場─さまざまな施設や事業 …………………… 25
1 子ども・子育て支援新制度と乳児保育 …………………………………………… 25
2 新制度による保育施設 ……………………………………………………………… 27
　(1) 保育所　27　　(2) 幼保連携型認定こども園　27
3 地域型保育事業 ……………………………………………………………………… 28
　(1) 小規模保育事業　28　　(2) 家庭的保育事業　30
　(3) 居宅訪問型保育事業　31　　(4) 事業所内保育事業　31
4 乳 児 院 ……………………………………………………………………………… 32
5 企業主導型保育事業 ………………………………………………………………… 33
6 地域子育て支援事業 ………………………………………………………………… 34
　(1) 地域子育て支援拠点事業　34　　(2) 一時預かり事業　34

第4章 0歳児の発達と保育 ……………………………………………………… 36
1 0歳児の保育のポイント …………………………………………………………… 36
2 発育・発達の特徴と保育内容・方法 ……………………………………………… 37
　(1) 発育・発達の特徴　37　　(2) 発育・発達の特徴に応じた保育内容・方法　40
3 生活と環境，保育者の援助 ………………………………………………………… 40
　(1) 睡眠の環境および保育者の援助　41
　(2) 授乳と食事（離乳食）の環境および保育者の援助　42
　(3) 排泄，衣服の着脱と環境および保育者の援助　42
　(4) 清潔な環境および保育者の援助　43　　(5) 保育室の環境　43
4 遊びと環境，保育者の援助 ………………………………………………………… 44
　(1) 発達と保育者による遊びの援助　44
　(2) 大人と向かい合っての楽しいあやし遊びや関わり体験の確保　45
　(3) 安全な遊び環境の確保　46

第5章 1歳児の発達と保育 …………………………………………… 48

1 1歳児の保育のポイント ……………………………………………………… 48
　(1) 基本的な生活習慣 48　(2) 安定した情緒 49
　(3) 言葉の習得，言葉による伝え合い 49　(4) 身近な環境への興味・関心 49
2 発達の特徴と保育内容・方法 ………………………………………………… 50
　(1) 健康　心身の健康 50　(2) 人間関係　人との関わり 52
　(3) 環境　身近な環境との関わり 52　(4) 言葉　言語の獲得 53
　(5) 表現　感性と表現 54
3 生活と環境，保育者の援助 …………………………………………………… 54
4 遊びと環境，保育者の援助 …………………………………………………… 55
　(1) 手や指先を使った遊び 55　(2) 身体を使った遊び 55
　(3) 視聴覚教材（絵本，紙芝居など）を使った遊び 56
　(4) 表現（造形）遊び 56　(5) 表現（音楽）遊び 56

第6章 2歳児の発達と保育 …………………………………………… 58

1 2歳児の保育のポイント ……………………………………………………… 58
2 発達の特徴と保育内容・方法 ………………………………………………… 59
　(1) 基本的な運動機能・手指操作 59　(2) 感覚・対比的認識・時間認識 60
　(3) 基本的な生活習慣の芽生え 61　(4) 対話・応答的な言語表現へ 62
　(5) まねっこから見立て・つもり遊びの世界へ 63
　(6) 自分の世界と他者の世界―自我の形成 64
3 生活と環境，保育者の援助 …………………………………………………… 64
　(1) 安心できる「居場所」としての保育室―二項関係から三項関係へ 65
　(2) 環境構成と保育者の援助 65
4 遊びと環境，保育者の援助 …………………………………………………… 67
　(1) 遊びをとおして感覚が豊かに育つ環境と保育者の援助 67
　(2) 遊びをとおして子どもの内面にドラマを 68
　(3) 遊びを支える保育内容の理解と展開，環境構成と保育者の援助 69
5 3歳児保育への連続・接続 …………………………………………………… 71
　(1) 2歳児の育ちのテンポやリズムを大事に 71
　(2) 育ちはつながっているという見方 71
　(3) 3歳児保育＝年少クラスへつながるための工夫 72

第7章 健康・安全管理―子どもの生命を守り健康を育む ………… 73

1 健康面への配慮 ………………………………………………………………… 73
　(1) 健康状態の把握 73　(2) 発育・発達状態および育児環境の把握 74
　(3) 感染症への対応 75　(4) 保育における衛生管理 76
　(5) 乳幼児突然死症候群（SIDS）76
2 安全面への配慮 ………………………………………………………………… 78
　(1) 事故防止と安全対策 78　(2) 災害への備えと危機管理 80
3 配慮を必要とする子どもへの対応 …………………………………………… 80
　(1) アレルギー疾患への対応 80　(2) 慢性疾患・障害への対応 82
　(3) 虐待への対応 82

第8章 乳児保育に求められる連携・協力―多面的な協力・連携 …… 83

1 職員間のチームワーク ………………………………………………………… 83
　(1) 複数担任制 83　(2) 多職種との協働 84

2　保護者との連携 ··· 85
　(1) 保護者とともに「子どもの育ち」を支える　85　　(2)「保護者の子育て」を支える　85
3　地域の諸機関との連携・協力 ·· 87

第9章　乳児保育の今後の課題 ·· 88
1　待機児童の対策と乳児保育 ·· 88
2　乳児保育の質の向上 ·· 90
　(1) 保育の質とは　90　　(2) 保育の質の3つの観点　91　　(3) 乳児保育の質の向上　91
3　乳児保育の専門性 ·· 92
4　子どもの健康課題と保育 ·· 94
　(1) 子どもの健康をめぐる現状と課題　94　　(2) 虐待　94
　(3) アレルギー疾患　95　　(4) 保育の場における睡眠中の事故による死亡　95

第Ⅱ部　実践編　模擬授業・実習のヒント

第10章　乳児保育の一日 ·· 98
1　0歳児保育の一日 ·· 99
　(1) 一人ひとりの生活リズムを大事に　99
　(2) 0歳児クラスの一日の生活（活動）の流れ（例）　100
2　1歳児保育の一日 ·· 101
　(1) 自我の芽生えを大切に　101
　(2) 1歳児クラスの一日の生活（活動）の流れ（例）　102
3　2歳児保育の一日 ·· 103
　(1) 自我の拡大期をていねいに　103
　(2) 2歳児クラスの一日の生活（活動）の流れ（例）　103

第11章　生活と援助 ·· 105
1　乳児保育の生活援助 ·· 105
　(1) 食事　105　　(2) 排泄　106　　(3) 睡眠　107　　(4) 衣服　107　　(5) 清潔　108
2　生活および養護技術の援助 ·· 108
　(1) 抱き方・寝かせ方　108　　(2) おんぶの仕方（ひとりでの背負い方）　110
　(3) 排泄の援助　111　　(4) 授乳　113　　(5) 離乳食の援助　115　　(6) 睡眠の援助　116
3　乳児保育の環境 ·· 117
　(1) 保育室の環境　118　　(2) 自然環境　118　　(3) 乳児保育に適した環境　119

第12章　事例から学ぶ保育者と子どもの関係──愛着，応答的，信頼関係 ······ 121
1　愛着を育む関わり ·· 122
　(1) なぜ愛着が大事なのか　122　　(2) 愛着形成における保育者の役割　122
2　保育者の受容的・応答的な関わり ·· 126
3　信頼関係を築く ·· 129

第13章　事例から学ぶ子どもの主体性の尊重と自己の育ち ················· 132
1　自我の芽生え ·· 132
　(1) 乳児の姿と保育　132　　(2) 1歳以上3歳未満児の姿と保育　134
2　遊びの楽しさ ·· 136
　(1) 乳児の遊びと保育　136　　(2) 1歳以上3歳未満児の遊びと保育　138
3　学びの芽生え ·· 140
　(1) 乳児の学びの芽生えと保育　140　　(2) 1歳以上3歳未満児の学びの芽生えと保育　142

第14章　遊びの指導・援助―乳児保育にふさわしい遊び……………144

1　遊びと発達の特徴……………………………………………………144
　(1) 0歳～3か月頃　144　　(2) 3～6か月頃　144
　(3) 7～9か月頃　145　　(4) 9か月～　146
2　保育所保育指針………………………………………………………146
3　遊びの紹介……………………………………………………………146
　(1) あやし遊び・触れ合い遊び　146　　(2) 音・リズム遊び　149
　(3) 身体を動かす遊び　151　　(4) 自然物を使う遊び　154

第15章　乳児保育における言葉の指導・援助―言葉遊び・絵本・おはなし……159

1　言葉の発達……………………………………………………………159
　(1) 産声から初語まで　159　　(2) 語彙の増加と会話　160　　(3) 指さしと三項関係　161
　(4) 象徴機能の発達　162　　(5) 内言と外言（内言語と外言語）　163
　(6) 言葉の発達と自我の芽生え　163
2　絵本の紹介……………………………………………………………164
　(1) 乳児　164　　(2) 1歳児　165　　(3) 2歳児　166
3　言葉遊び………………………………………………………………168
　(1) 人形遊び　168　　(2) ペープサート　169
　(3) エプロンシアター　170　　(4) 紙芝居　170

第16章　指導計画を立ててみよう―実習・模擬授業に役立つ……………172

1　乳児保育における指導計画…………………………………………172
2　長期と短期の事例……………………………………………………173
　(1) 長期の指導計画　173　　(2) 短期の指導計画　175
3　個別と集団の事例（月齢・年齢別）………………………………177
　(1) 個別の指導計画　177　　(2) 集団の指導計画　177
4　記録と評価（振り返り）……………………………………………181
　(1) 保育の記録　181　　(2) 評価　182

第17章　保護者との連絡の方法……………………………………………183

1　クラスだより・連絡ノートの書き方………………………………183
2　保護者との面談・相談のポイント…………………………………187
3　地域・親への子育て支援……………………………………………188

さくいん……………………………………………………………………190

第Ⅰ部
理 論 編

第1章 社会における乳児保育
——歴史的歩みとこれからの役割

1 戦前までの乳児保育の歴史

(1) 前史——近世の子産み・子育て

　古代から江戸時代の終わり頃までの長い間，庶民の暮らしは子だくさんと貧乏で苦労が多く，妊娠しても人工的な堕胎が後を絶たず，たとえ生まれてきた子どもも貧しい家では養育できないので子殺し（マビキ）や子捨てが日常茶飯事であった。多産多死の時代ともいわれ，疫病や栄養失調で幼児期まで生き延びるのも困難であった。小児医学や保健が発達していないこの時代にあっては，たとえ身分が上の家に生まれた子どもでも，母親の産後の肥立ちが悪いなどが原因で死亡する例も多かった。可愛いさかりの幼児が流行の疱瘡などの病に侵されて，なすすべもなくあっという間に死亡する例も多く，母も子も無事に生き延びること，愛情を受けて健康に育つことが多難な世の中だったのである。

　子どもの公的な保護や福祉に関する法的な整備は，明治維新から後のことである。

(2) 明治期から昭和戦前まで

　明治政府は堕胎や子捨てなどを禁じ，1871（明治4）年「棄児養育米給与方」を定めた。これは実子でない子どもを養育する者に対して，その子の養育米を公的に支給するという措置であり，今日でいう児童保護のはじまりである。続いて1873（明治6）年には「恤救規則」が布達され，13歳以下の極貧児童に対し年間米7斗を支給するという支援で，

これは昭和に入って1932（昭和7）年に「児童救護法」が施行されるまで長く続いた。

このように，貧困児童対策がとられる一方で，子どもを預かる施設についてはどうだったのか。形態はその地方の状況や当時の母親が置かれていた社会的環境によってさまざまであるが，乳幼児のための預かり所や託児施設がつくられていった。どのような必要性や目的から乳児の保育が行われたのかという視点から，この時代の託児所や保育施設をふり返ってみよう。

1) 農村託児所など

1890（明治23）年頃から，日本で最初の農繁期の季節託児所が始まる。鳥取県のある農村の大地主であった筧雄平が農繁期に子どもの面倒をみることができない親や家族に代わって，村の尼寺の尼僧に頼んで託児を始めたところ，村人に好評で，その後2人の女性を雇って季節保育所を続けたといわれる。乳児の様子について，次のような証言がある。

> この尼僧は，良寛のように子供好きで，またよく子供も敬慕して，村の子供はつねに集まった。遊びは子供の生活であるが，その遊びを精一ぱいさせ，遊びの間に童話，躾，遊戯によって全体を円満に導いて居たので，忙しい農繁時の田植，稲刈りのときにはまだ這うことのできない乳児さえ村人はつれてきて，安心して田畑の働きに出た（以下略）。
> 日本保育学会編『日本幼児保育史 第2巻』日本図書センター，2010，108頁

このような農繁期に開く季節保育所は，その後昭和の時代になってからも，農業の生産性を高めるため，各地で寺や神社・公会堂などの場所を使って開かれ，子どもが預けられることで多忙な農民が農作業に従事できるよう施された慈善的・恩恵的な事業であった。

農村ではないが，1890（明治23）年に赤沢鐘美夫妻が設立した「新潟静修学校」に付設の「守孤扶独幼稚児保護会」という託児所でも，町に住む工場労働者や行商人など地域の人びとの要望を受けて，4・5歳の幼児だけでなく，3歳未満児（0～2歳）も保育していたという記録がある。

> 工場へ労働に通うとか行商に出るとか至って惨めな老夫婦などが此幼孫（この幼い孫）が手足纏って困るから何卒助けて下さいと頼みに来る中には2歳か3歳の嬰児も数名ありました。そこで仲子一人では迚（と）ても手廻り兼ねそこで身体健康なる20歳以上の若き女性を雇い入れました。
> 上掲書117頁，原文は漢字以外はかたかな，カッコ内著者

2) 工場内の託児所

近代産業が急伸する明治期の後半になると，労働力不足対策として，出産後も母親が仕事を続けられることを目的に，工場内の託児所が設置された。レンガ製造工場や紡績工場などでは，幼い子どもをもつ女性たちが多く働いていたので，経営者はその労働力の確保と生産性の向上のために託児の事業を始めた。東京紡績株式会社の「附属幼児保育所」では1897（明治30）年頃に「鐘ヶ淵乳児保育所」を設立し，紡績工場で働く女工の生後百日以上5歳以下の乳幼児を保育したという。香川県のマッチ工場では，工場の職工が連れ

てくる乳幼児を預かる託児所を工場の一部に設けた。いずれも早朝から夕方までの長時間保育であり，子どものためというよりは，工場で低賃金で働く女子労働力の確保を目的としてつくられたといえよう。

このように20世紀になると日本では急激な産業化の進行にあって，労働力不足で女子の労働が必要となったため工場内に託児所がつくられ，母親の就労時間中3歳未満児も預けられていた。

3）貧民の託児所

明治のはじめに東京女子師範学校附属幼稚園が開設されて以来幼稚園が上流階級の子どもを対象としていたのに対して，東京女子師範学校で保姆（保育者の当時の名称）資格を修得した野口幽香と森島峰という若い女性が，貧民の子どもにこそ教育が必要であるとの理想から，1900（明治33）年に東京下町の路地裏に「二葉幼稚園」を開設した。クリスチャンである2人は，当初は3歳以上の貧しい家庭の子どもを対象に，顔や手洗いなどの生活習慣や衛生管理などを重点的に指導し，言葉の訓練などを行っていたが，生活を支えるため両親ともに働きに出ていて，昼間面倒をみてもらえない幼児だけでなく，やがて3歳未満児も受け入れて保育した。1915（大正4）年には，その実態に合わせて「二葉保育園」となり，貧困層家庭の子どものために保育を続けた。

4）公立の託児所

最初の公立託児所が1919（大正8）年に大阪に設立され，翌年には東京市にも開設された。東京市には，3か所の託児場がつくられた。貧しくて生活できない保護者が安心して就労できるよう子どもを預かることが目的であるが，江東橋託児場は総ひのきづくりの立派な建物で，乳児専用の部屋もしつらえてあったという。残念なことに関東大震災（1923年）により全焼してしまった。

当時の都会には農村からの移住者や自営に失敗した人，失業者などがあふれ，折しも1918（大正7）年には米騒動が起こり，日本全体に社会不安が高まった。このような状況から社会事業対策の一環として公立託児所が設立されることになり，大正末期には全国で約200か所にまで増加した。東京市の託児保育規定には，次のように示されている。

東京市託児保育規定（1921年）
(1) 目的「少額収入者をして就業上の繋累（けいるい。足手まといの意味－引用者注）を脱して，生産能力の増進を計らしむと共に，児童を教育的に扱い，且，児童を通じて家庭の改善を図らんとする」
(2) 受託対象：　学齢未満の幼児および生後6か月以上の乳児
(3) 保育時間　午前5時（冬期は6時）から午後6時まで
東京都公立保育園研究会編『私たちの保育史－東京市立託児場から都立，
区立保育園まで－』（上），1980，14～15頁より要約引用

公立託児所では幼稚園保姆資格をもった保育者が保育の任にあたったため，幼稚園教育と同様の保育内容や生活指導が行われていて，母親の就労支援と同時に，子どもの健全発達を促すという乳幼児教育としての意義を担っていたことに注目したい。

1929（昭和4）年には世界大恐慌にみまわれ，経済が大混乱し多くの失業者が出た。国

内では，北海道・東北の大凶作などの影響で食べ物が不足するなど人びとの暮らしは大きな影響を受け，母子心中の頻発などさまざまな社会問題が多発した。

このような社会事情から，1937（昭和12）年には生活困窮の母子を経済的に救済するため「母子保護法」が制定され，続いて1938（昭和13）年には「社会事業法」が制定され，この法律により託児所に補助金が出されることになったのであるが，保育内容については何の規定もなく，名称は「託児所」のままであった。

5) 戦時保育所

上述のように，明治期から昭和の戦前までにさまざまな形での乳児保育が展開され，乳児の保護に関しても少しずつ施策が整ってきたが，1939（昭和14）年，第二次世界大戦への突入により社会は混乱し，児童保護に大きな痕跡を残した。

とりわけ，戦争末期の1944（昭和19）年頃になると，各地の幼稚園や保育所は「戦時保育所」，「戦時託児所」に名称を変えさせられ，軍事労働に母親を提供するための手段として国策の性格を強め，戦争協力を強いられることとなった。1944年の「戦時託児所設置基準」には，「乳児ハ生後六ケ月以上一年六ケ月未満，幼児ハ生後一年六ケ月以上学齢未満」という受託条件が示されており，戦時託児所では幼児だけでなく乳児も保育の対象とされていたことがわかる。

2 戦後から今日までの歩み

(1) 戦後から1975（昭和50）年頃まで

1) 児童福祉法の制定と乳児保育

数百万人もの犠牲者を出した第二次世界大戦敗戦の混乱の中で，戦争孤児や浮浪児等の救済が始まる状況のもと，占領政策の下で1947（昭和22）年にすべての児童の心身の育成を基本理念とする「児童福祉法」が制定された。児童福祉法によって，3歳未満児に関わる施設としては，乳児院と保育所が児童福祉施設に位置づけられることとなった。

乳児院は，「乳児を入院させて，これを養育し，あわせて退院した者について相談その他の援助を行うことを目的とする施設」（児童福祉法第37条，昭和22年法律第164号当時）とされ，保育所は「日日保護者の委託を受けて，保育に欠けるその乳児又は幼児を保育することを目的とする施設」（同法第39条第1項）と規定され，法令のもと階層や生活状況に関係なく「保育に欠ける」すべての乳幼児が保育を受けられることになった。この条文によって乳児（1歳未満児）も保育所保育の対象として明記された。

翌1948（昭和23）年の設置基準により認可保育所の場合には，保育所の職員配置や保育室の面積，設備等に関する最低基準も定められ，その基準を満たした保育所に対して，国と都道府県と市町村がそれぞれ運営費を負担する形の認可保育所制度が整備された。これが戦後の乳児保育の幕開けである。

戦後の社会復興の中で保育所数は，表1-1のように数年間で急増したが，残念ながら，

表1-1　戦後の保育所設置状況

年　度	公立保育所数	私立保育所数	全体数	保育児童数（人）
1946（昭和21）年	190	683	873	68,961
1947（昭和22）年	395	1,223	1,618	164,560
1949（昭和24）年	775	1,816	2,591	216,887
1950（昭和25）年	1,000	2,686	3,686	292,504

資料）厚生省児童局編：児童福祉十年の歩み，日本図書センター，2006，p.78 を参考にして作成

　3歳未満児の受け入れについては条件が限られていて，実際には乳児保育に関しては依然として，経済的事情から母親が家の外で働かなければならないような低所得層の家庭や母子家庭のための貧困対策としての特別な福祉的事業の域を脱するものではなかった。

2）高度経済成長政策の下で「ポストの数ほど保育所を」運動

　1955（昭和30）年頃からの高度経済成長期に入ると，若い世代は職と夢を求めて都市圏へ大量に流出した。共稼ぎの核家族が多い都会においては，女性が出産後に働きたくても，面倒をみてくれる身寄りが少なく，乳児期からの保育所は切実な要求となった。

　保育所の数は増えつつあったとはいえ絶対数が足りないうえに，多くの保育所には生後間もない乳児を預けられるような施設や設備は十分に整っていなかった。急激な経済成長で人手不足から働く女性がどんどん増えたにもかかわらず，政府は乳幼児期の育児は家庭で母親が責任をもつものという原則を強く打ち出していたため，1970年代半ば頃までは，女性は妊娠・出産後は家庭に入るという専業主婦になる割合が高かった。

　一方で，女性の自立を希求する解放運動が広がる中で，権利意識に目覚めた女性たちが，子育てと仕事の両立を求めて保育所づくり運動に取り組むようになる。「ポストの数ほど保育所を」というスローガンを掲げて，都市部を中心に産休明けからの保育を求める声が全国的に広まっていった。産後も働くことを選択した女性たちは，育児と仕事の両立の板挟みの悩みを抱えながら，国の政策を待つよりも先に自分たちの力で「共同託児所・共同保育所」をつくっていったのである。これらは無認可であり，公的な支援がなく運営には大変な努力が伴った。例えば，当時の名古屋市の共同保育所運動には，自分たちの子どもによりよい保育を提供できるように次のような母親の切実な悩みと要求があった。

「すばらしい母親になるために」（枚中（いりなか）共同保育所，石田，1964年）

　可愛い息子にも恵まれました。この子にとって最も素晴らしい母親でありたい。誰もが願うように私もそう思って夢中で半年を過ごしました。（中略）しかし私はい、ようのないむなしさと焦燥感につきまとわれ続けでした。経済的な苦しさがいっそう挫折感を強めました。

　必ずしも職場に出ることのみが自分を生かす道ではない，との考え方もあります。しかし息子にとって素晴らしい母親というのは，社会を創る一因としての歩みを，そして自らの人生を豊かにする努力を続けている母親でなければならない。こう考える私には，収入を得ながら社会的な場での働きを続ける必要がどうしてもあったのです。

　なぜ出産が女性を職場から追いやるのか。赤ちゃんをみる人がいないからです。働く権利は誰もが平等に持っているはずなのに，母親だけはそれから除外されています。安い費用で安心して子供を預かってもらえる所がほしい。こうした願いを満たすためもっと努力せねばならないと考えています。

　　　　東海ジェンダー研究所編『名古屋市における共同保育所運動　1960年代〜
　　　　　1970年代を中心に』日本評論社，2016，136頁，原文はルビなし

このような情勢を受けて，国は，保育者の数，保健婦（現在の保健師）や医師の配置，乳児にふさわしい設備や遊具などの条件が整えば，0歳からの乳児保育事業に対して補助金を出すようになった（乳児保育特別対策，1969年）。

(2) 1975年頃から1990年頃まで

1) 乳児保育の実践と理論

1975（昭和50）年以降になると女性の高学歴化が進み，内職やパート職だけでなく専門職につく人も増えてきた。そうなると，産前産後休業（産休）明け・育児休業（育休）明けからの保育，フルタイム就労に対応した長時間の保育，夜間保育などを求める多様な保育ニーズが広がっていった。

政府の意向は，依然として，乳幼児は原則として母親が家庭で面倒をみることが望ましいという立場であったが，自立を希求する母親と保育者たちの切実な願いを受けて，民間の保育所を中心に次第に乳児の受け入れ態勢が広まっていった。

「安心して預けられる場」と「0歳からの人間的な発達」をめざして保育所づくり運動を展開してきた母親たちと保育者たちは，乳児期からの集団保育を実践していく中で，家庭の養育だけではみられないような子どもの行動や姿の中に，発達的な意義をつぎつぎと発見していったのである。

・ベッドに寝かされている赤ちゃん同士が，腕を伸ばしてにっこり笑い合う姿。
・月齢の大きい子が室内すべり台をすべる様子を見ていた9か月児が，自分からはい出して登ったりすべったりしようとする意欲的な姿。
・泣いている仲間を見ると，頭をなでてなだめている1歳児のやさしい行動　など。

母親と保育者たちが同じ労働者という意識に立って，女性の自立の獲得と乳幼児の発達を支える質の高い保育を求めてつくられた共同保育所の保育実践は，研修や研究会を重ねて乳児保育の理論を確立し，その後の日本の集団保育の発展に大きな意義をもたらし，今日に引き継がれている（全国保育問題研究会や全国保育団体連絡会集会）。

2) ベビーホテル問題

3歳未満児保育や長時間保育，夜間保育など，保育ニーズが多様化してきたにもかかわらず，実際には公的な保育サービスが追いつかない状況の中で，これまでの無認可保育所とは性格が異なる育児産業としてのベビーホテルが都会を中心に登場した。

幼い子どもを抱えて自活するためにはベビーホテルを利用せざるを得ない家庭も多く，「便利で」，「手軽に」，「いつでも」預けられるという母親たちの要望に便乗した営利主義のベビーホテルの利用者の大半は3歳未満児で，人的にも設備的にも劣悪な保育条件が多く，1980（昭和55）年頃には，全国のベビーホテルで年間に30件以上の痛ましい死亡事故が起こり社会に衝撃を与えた。子どものためという視点が欠落したベビーホテル事故は，乳児保育の供給不足と保育条件の質の悪さを暴露した社会問題であり，日本の乳児保育の歴史に大きな暗い影を落とした。

(3) 1990年以降

1）乳児保育の一般化へ

1981（昭和56）年に試行的な夜間保育事業が開始されたのをはじめ，延長保育制度，産休明け保育事業などの多様な保育サービスが少しずつ実施されて，1990年代に入り乳児保育の一般化時代を迎えることとなる。児童福祉法が50年ぶりに見直され，1998（平成10）年の一部改正に伴って厚生省（現厚生労働省）通達によって，これまで特別対策として指定保育所でしか実施されてこなかった乳児保育の一般化が図られ，どの保育所においても乳児保育が実施されることとなった。あわせて，児童福祉施設最低基準が改正され，0歳児保育の保育士配置基準が3対1となった。

2）保育所保育指針における乳児保育の内容

保育所保育指針（以下，保育指針）は，保育所での保育内容の基本原則を示すものとして1965（昭和40）年に策定されて以降，1990（平成2）年，2000（平成12）年，2008（平成20）年の改定を経て，現在（2018年）4度目の改定施行となる。

この間，乳児保育の内容はどう扱われてきたのか。保育指針に0歳からの保育が明記されるのは，1990年以降である。それまでは「1歳未満児の保育内容」で一括して扱われ，受け入れも1歳過ぎてからというのが世間の常識であった。1990年の改定で「6か月未満児」，「6か月から1歳3か月」という区分が示され，0歳児の発達特徴とその保育内容が細かく記述された。さらに2000年の改定では，生後3か月頃の発達が記述されるようになり，産休明けの乳児も視野に入れられるように改善され，ようやく，保育の内容面でも，産休明けからの乳児保育が全面的に位置づけられたといえる。

以上に述べてきたように，児童福祉法が制定されてから約50年を経てようやく，さまざまな障壁を乗り越えて乳児保育が特別なものではなく，すべての乳児の発達にとって意義のあるものであることが保育内容の面でも保育者の専門性の面でも一般的に認められるようになった。

3）少子化問題

1990年代に入ると，他の先進国と同様に，日本も少子化問題に直面する。日本の出生数は，1970年代前半の第2次ベビーブーム以後，1980年代にかけて大幅に減少し，1990（平成2）年以降ゆるやかに減少を続けている。2017（平成29）年の出生数（確定値）は過去最低の94万6,045人で，日本の人口維持に危機感をもたらしている（図1-1）。

1990（平成2）年の「1.57ショック」（前年度の合計特殊出生率が過去最低の記録となりその衝撃を呼称した）を契機に，国は少子化対策・女性の就労と育児支援策として「エンゼルプラン」を策定し解消を図ろうとした。その後も多様な方策で少子化対策を打ち出してきたにもかかわらず，少子化はいっこうに改善せず，超高齢化と並んで深刻な社会問題のひとつとなっている。この間に講じられてきた少子化・次世代育成支援対策に関する主な法令や施策を図1-2に示す。

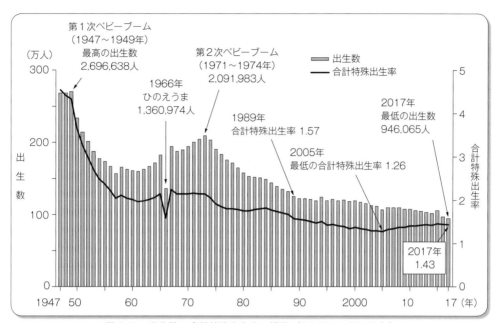

図 1-1　出生数・合計特殊出生率の推移（1947〜2017 年）
出典）厚生労働省：平成 29 年（2017）人口動態統計（確定数）の概況

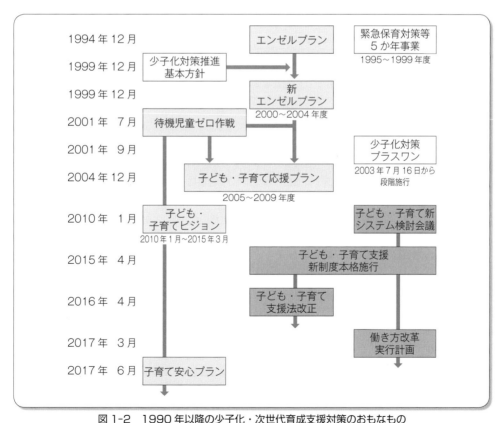

図 1-2　1990 年以降の少子化・次世代育成支援対策のおもなもの
資料）内閣府：平成 29 年版　少子化社会対策白書，2017，p.25 を参考にして作成

3 乳児保育の現状とこれからの役割

(1) 乳児保育の現状

　2015（平成27）年から子ども・子育て支援新制度が施行されたこと，3歳未満児を中心に保育所等の利用者数が大きく増加していること，子育て世帯での子育ての負担や不安，孤立感が高まる中で児童虐待件数が増加していること，そして労働力不足から女性の就労率が高まっていることなど，乳児保育をめぐる社会状況は大きく変化している。

1）乳児保育のニーズ拡大化と待機児童問題

　出生数・出生率の低下により乳幼児の数は減少しているにもかかわらず，働く母親が増えて保育所等を利用する乳幼児の数は増加している。また，政府が仕事と子育ての両立支援策を打ち出していることから，乳児保育への需要はますます高まっている。

　保育利用率（利用児童数/就学前児童数）は年々上昇しており，特に1・2歳児の利用率は2016（平成28）年からの1年間で3.5ポイント上昇し，2017（平成29）年4月時点の保育利用率は45.7％となっている。一方で，申し込んでも保育所等に入れない待機児童も1・2歳児に多く（全体の71.7％），国は2013（平成25）年以来「待機児童解消加速化プ

○ 2018年4月1日現在の待機児童数は 19,895 人（前年比 6,186 人減）
○ 低年齢児（0〜2歳）の待機児童数が全体の 88.6％（17,626 人）
○ 2018年4月1日現在の保育所等*1の定員は 280万 579 人
○ 待機児童がいる市区町村数は，435 市区町村（全市区町村の 25.0％）
→うち，待機児童が 50 人以上の市区町村は 110 市区町村
○ 都市部*2の待機児童が全体の 70.0％（13,930 人）

＊1　保育所，幼保連携型認定こども園，幼稚園型認定こども園，地方裁量型認定こども園，小規模保育事業，家庭的保育事業，事業者内保育事業及び居宅訪問型保育事業
＊2　首都圏（埼玉県，千葉県・東京都・神奈川県），近畿圏（京都府，大阪府，兵庫県）の7都府県，政令指定都市及中核市の合計

＊2015年より，幼稚園型認定こども園，地方裁量型認定こども園，特定地域型保育事業（小規模保育事業，家庭的保育事業，事業所内保育事業，居宅訪問型保育事業）を含む。

図1-3　待機児童数と保育所等定員の推移
資料）厚生労働省：保育所等関連状況取りまとめ（平成30年4月1日）

表1-2 年齢区分別の利用児童数・待機児童数

	2018年利用児童数		2018年待機児童数	
低年齢児（0〜2歳）	1,071,261人	(41.0%)	17,626人	(88.6%)
うち0歳児	149,948人	(5.7%)	2,868人	(14.4%)
うち1・2歳児	921,313人	(35.2%)	14,758人	(74.2%)
3歳以上児	1,543,144人	(59.0%)	2,269人	(11.4%)
全年齢児計	2,614,405人	(100.0%)	19,895人	(100.0%)

注）利用児童数は，全体（幼稚園型認定こども園等，地域型保育事業等を含む）。
出典）厚生労働省：保育所等関連状況取りまとめ（平成30年4月1日）

表1-3 支給認定区分

認定区分	利用したい施設	幼稚園	保育所	認定こども園 利用時間 朝〜昼すぎ	認定こども園 利用時間 朝〜夕	地域型保育
満3歳以上	教育標準時間認定 1号認定	○		○		
満3歳以上	保育認定 2号認定		○		○	
満3歳未満	保育認定 3号認定		○		○	○

ラン」を出して2017年度末までに解消を図るため1・2歳児の受け入れ枠拡大を中心に取り組んできたが，それでも不足の状況が続いている（図1-3，表1-2）。都市部では保護者が認可園に子どもを入所させるために妊娠中から保育の場を探し始める「保活」という言葉までもが流行しているほど大変な状況になっている。

2）地域型保育事業の整備

2015（平成27）年からスタートした子ども・子育て支援新制度では，乳児保育の対象となるのは「3号認定の子ども」とされ，「保育を必要とする」場合，市町村に申請手続きを行うこととなった。認定された子どもは保育の必要量に応じて，1日11時間の保育標準時間と8時間の保育短時間に区分された（表1-3）。

さらに，保育所や認定こども園等に加え，新たに地域型保育事業を創設した。市町村の認可事業として児童福祉法に定められた小規模保育，家庭的保育，居宅訪問型保育，事業所内保育を整備し，多様な保育ニーズに対応しようとするものである。待機児童問題などからこれらの利用者には3歳未満児が多いのが特徴的である。詳しくは第3章で述べる。

(2) これからの乳児保育の役割

これまでの節で，日本の乳児保育の歴史的歩みと現状を述べてきたが，乳児保育があたりまえのものとして社会に受け入れられ，社会の発展に不可欠な制度として確立される道

のりは決して容易ではなかった。そして，乳児の生命保持と養育は，女性（母親）の生き方の実現と深く関連していることが理解できたであろう。

現在では，乳児をもつ人の多くが，産休明け・育休明けから安心して子どもを預けることができる場所がほしいと願っている。ただ預かるだけでなく，子どもの最善の利益を最優先する立場から，子どもの健全と発達を保障する質のよい乳児保育，保護者の多様なニーズに応える多様な保育提供の整備が求められる。今後の乳児保育の社会的役割を以下に示しておこう。

1）仕事と育児の両立を支えるための乳児保育

経済発展と社会的状況の変化から今後ますます女性の就労が期待される中で，産休・育休明けからの乳児保育の需要が高まることが予想される。そのため，どのような状況の家庭においても「保育を必要とする」子どもが安心して過ごすための乳児保育の供給が不可欠になってくる。

乳児がいる家庭には，都市・地方を問わず，共働き家庭，ひとり親家庭，特別な配慮を必要とする家庭などさまざまな状況がある。

どのような状況であれすべての家庭の子どもが保護され，教育を受けて乳幼児期を幸せに過ごせるように，長時間保育，病児・病後児保育，夜間保育などの多様なニーズに合った保育制度が整備され充実することによって，乳児保育の社会的役割を果たすことができる。

2）0歳からの豊かな発達を支えるための乳児保育

女性の高学歴化が進んだとはいえ，「3歳までは家庭で」，「小さいうちは母親が一番」という母親役割の子育ての風潮がいまだに根強く残っていることも確かである。子どもが育つ場は一義的には家庭でありその責任は大きい。だが同時に，子どもは地域社会の人びととのふれ合いや保育所等の集団生活の場で育っていくのである。

これまでの乳児保育の実践の蓄積から，0歳からの心身ともに健康で豊かな人間的な成長にとって，保育所等の集団保育の場が大きな役割をもつことが明らかにされている。その意味で，乳児保育は，子どもを安全で健康に育むと同時に，家庭だけの育ちにはみられない豊かな発達の姿や教育的意義をつくり出す使命がある。

3）地域の子育てを支援するための乳児保育

都市化，情報化，核家族化などの進展によって地域社会の関わりが希薄化し，乳幼児をもつ保護者の多くが育児不安や悩みを抱えている状況にあり，乳児保育は，保護者の育児支援や育児相談などの重要な役割を担っている。地域の子育て支援事業，相談事業など，地域の子育て支援をしていくことも乳児保育の大きな役割である。

■参考文献
・厚生労働省：保育所保育指針，2017
・乳児保育研究会編：乳児の保育新時代，ひとなる書房，2018
・上条一郎：日本子育て物語 育児の社会史，筑摩書房，1991

第2章 乳児保育の意義
―子どもにとっての乳児保育

1 乳児保育の魅力

　まずはじめに，乳児保育が対象とする子どもとはいつの時期をいうのかを確認しておきたい。児童福祉法第4条では，乳児とは「満1歳に満たない者」と定められている。保健・医療の分野でも同じく，満1歳に満たない者が，乳児と呼ばれている。しかし，保育士養成課程の「乳児保育」は，児童福祉施設における3歳未満児（0～2歳）の保育について学ぶ科目となっている。2017（平成29）年に改定された保育所保育指針（以下，保育指針）においては，第2章　保育の内容において，「乳児」，「1歳以上3歳未満児」，「3歳以上児」に分けて記述されている。この「乳児」および「1歳以上3歳未満児」が保育士養成科目「乳児保育」の対象であり，低年齢児ともいわれる。

　乳児保育の魅力は，「いのち」，「育つ力」がもっとも顕著にみられる時期であり，人としての歩みをともに味わうことのできることではないだろうか。保育指針では，「乳児期の子どもの発達は，感覚や運動機能が著しく発達し，特定の大人との応答的な関わりを通じて，情緒的な絆が形成されるといった特徴がある。これらの発達を踏まえて，乳児保育は，愛情豊かに，応答的に行われることが特に必要である」（要約）と記されている。また，乳児期は「視覚，聴覚などの感覚や，座る，はう，歩くなどの運動機能が著しく発達」するとある。

　乳児期の特に生まれて間もない0歳の時期はあまりにも未熟で，乳児自身の能力は何も備わっていないようにみえるが，脳の発達により，生命を守るための原始反射が備わっている。例えば，乳児自身の存在を示すかのように，大きな音や危険から身を守るモロー反

射が備わっている。さらには乳児の栄養補給を促すように，乳頭を探す口唇探索反射および吸啜反射が備わっており，乳児の成長・発達を促すための授乳をスムーズに受け入れる機能が備わっているといえる。

　また，感覚についても，乳児は胎児期から聴覚が発達し，外界の音刺激を聞いており，新生児期にはおもちゃやオルゴールからの音に対して，手足を動かしたり，心拍数が多く早くなったり等の反応を示す。さらに，人の話し声に対しては，表情を変化させたり，声を出したり，音源を探すような探索行動がみられ，生後2週間の新生児でも人の声と他の音を弁別していることがわかる。そして，生後6週目頃になると，低い音には心地よさを感じるのか，身体活動は少なくなる。一方高い音には，防御反応や驚き，緊張を示すことから，音の高低の弁別もできていることがわかる。

　視覚についても，出生して2〜3時間後の新生児には，対象をじっとみつめる凝視が現れ，1か月後には，次々に視点を移動させみつめるようになる。出生後2か月になると水平方向に，3か月になると垂直方向にも移動する対象を追う，いわゆる追視ができるようになる。また，乳児はより複雑な図形に注目する傾向があり，人の顔など複雑な形状を有する刺激を好み，注視時間も長くなることが知られている。この時期に特定の相手に対して形成される親密な情緒的絆を「愛着」という。愛着行動としては，泣く・ほほえむなどの発信行動や，注視・後追い・接近などの定位行動，よじ登り・抱きつき・しがみつきなどの能動的身体接触行動がみられる。誰に対しても注視したり，手を伸ばしたりして興味を示す段階から，数人の特定の相手を他者と区別し始め，母親や特定の保育者への反応と他者への反応が異なってきて，人見知りや分離不安を示すようになる。しかし，そのうちに愛着対象を自分の中にイメージすることができるようになり，常に自分のそばにいなくても安心していられるようになり，信頼関係を構築するのである。

　当然，これらの経緯には個人差があり，乳児に対する働きかけや養育者の応答的な反応，一貫した養育態度がこのような愛着形成の個人差に大きな影響を与えると考えられている。このような養育者の態度には，文化的な背景や子ども自身のもつ不安や恐れの強さ，情動のコントロールの弱さのような気質も，少なからず関係しているのではないだろうか。

　誕生して間もない，いとけない「いのち」の営みを支援する保育の場において，思わず笑顔になってしまう不思議な力をもつ幼子の姿を目にして，怒りを覚えるような大人はいないはずである。乳児に関わる保育者は，子どもたちの秘めている可能性をよく理解し，ともに楽しみながら，支援していく姿勢が重要である。

　乳児は，みずからも周りの人的・物的環境に働きかけ，関わりをもとうとする。そのような乳児からの関わりに対して，表情や声，まなざしなどから思いや要望をくみ取り，適切と考えられる反応を示して応える保育者の応答的関わりが求められる。保育の場における，そのような子どもたちとの関わりこそが，乳児保育の魅力である。

　保育者は，子ども一人ひとりの胎児期の健康状態を理解し，出生後の新生児期から乳児期にかけては，胎児期における発育の影響を大きく受けて成長を遂げていくことも理解し，保育の中で役立てていくべきである。

　そして，人間としての「いのち」の誕生の素晴らしさに畏敬の念をもち，改めてその

「いのち」を大切に育み，子どもたちとともに生きるという保育の使命に臨む保育者として，自覚と責任を認識しなければならない。

子どもの立場から「乳児保育」を考える
―「子どもの最善の利益」という考えから

(1)「子どもの最善の利益」とは

保育指針では，第1章　総則　1　保育所保育に関する基本原則の（1）　保育所の役割には以下のように述べられている。

> ア　保育所は，児童福祉法（昭和22年法律第164号）第39条の規定に基づき，保育を必要とする子どもの保育を行い，その健全な心身の発達を図ることを目的とする児童福祉施設であり，入所する子どもの最善の利益を考慮し，その福祉を積極的に増進することに最もふさわしい生活の場でなければならない。
>
> 保育所保育指針　第1章　総則　1　(1)

この子どもの最善の利益とは，児童の権利に関する条約（通称，子どもの権利条約）の第3条に盛り込まれた言葉であり，1989（平成元）年に国連で採択されたもので，日本は1994（平成6）年に批准している。2016（平成28）年に改正された児童福祉法では，その第2条第1項に以下のように記されている。

> 第2条　全て国民は，児童が良好な環境において生まれ，かつ，社会のあらゆる分野において，児童の年齢及び発達の程度に応じて，その意見が尊重され，その最善の利益が優先して考慮され，心身ともに健やかに育成されるよう努めなければならない。
>
> 児童福祉法　第1章　総則

子どもの誕生や子育ては，何事にも代えられない喜びであり，通常は幼い子どもの姿を見ると，癒されたり，笑顔にさせられたりするものである。しかし都市化，核家族化，近隣関係の希薄化といわれる現代社会では，子育てへの不安や重圧で悩む親が少なからず存在する。実際，子どもの命を脅かす児童虐待は後を絶たず，子ども（児童）虐待の現状をみると児童相談所が児童虐待相談として対応した件数は，右肩上がりに増加している。2017（平成29）年度では児童虐待の防止等に関する法律（通称，児童虐待防止法）施行前（1999年度）の10倍に増加した13万3,778件（速報値）でこれまでで最多の件数となっている。このうち子どもの実母による虐待がもっとも多く，中でも乳児を含め幼い子どもへの虐待が多くなっている。実母の抱える問題としては「予期しない妊娠」，「妊婦健康診査未受診」が多く，ここからは妊娠期からの切れ目のない子育て支援体制を整備していくことの重要性がみえてくる。

(2) 保護者との連携

　保育の場での保育は，保護者との連携の上に成り立つものである。子どもの成長を見通して，緊密に家庭との連携を図りながら，保護者の心に寄り添う姿勢を忘れずに，子育て支援を進めて行かなければならない。保育者は，子どもとの信頼関係を形成するよう努力すると同時に，保護者との信頼関係も構築しなければならないのである。

　さらには，子どもの立場に立って保育を考えるとき，保育の場は家庭と同じく，子ども自身が精神的にくつろぎ安心して行動できる環境であるべきで，緊張を要求される場であってはならない。保育者はそのことを理解し，専門性を発揮するべきである。保育者は，自己評価をすることにより，子どもに保育者自身の意図や思いが伝わっているかどうかを確認することが重要である。

　保育者は，乳幼児期の発達の特性を踏まえて，子ども一人ひとりとの信頼関係を形成し，計画的に保育の環境を整え，子どもの心身ともに健やかな成長・発達を促すための努力が必要である。保育者はこれらの事柄も含めての知識をもち，さまざまな保育のための専門性を備えておかなければならない。保育の場は，さまざまな専門性をもつ職員が協働する組織であり，子どもや保護者等との関わりの中で，その組織の一員としての共通理解を確認しながら保育を進める必要がある。

　子どもの成長は一人ひとり異なり，家庭内の事情も異なる。保育者はその事情に配慮し，子どもに寄り添いながら保育を進めていく。

　両親がいる家庭，ひとり親家庭，祖父母のいる家庭など，さまざまな家族形態の中で子どもは生まれ育っているのである。

　保護者から家庭でのトラブルについての相談があれば，保育者は子どもの立場に立ち，よく考えて，保護者が相談しやすい，しかもよい結果につないでくれるような適切な専門機関を紹介することが重要である。もちろん，保育者も保育の専門性をもつ組織の一員であることを念頭に置き，組織の共通理解のうえで専門の相談機関をできるだけ早く紹介する必要がある。その際，保育指針における保育所保育に関する基本原則の（5）保育所の社会的責任の3項目に記されているように，保育者が知り得た個人情報は，決して公にはしないという個人情報の守秘義務を厳守する。

(3) 保育者の役割

　保育の場は，子どもの最善の利益を守るための，入所する子どもの福祉を積極的に増進することに「最もふさわしい生活の場」でなければならない。また，子ども一人ひとりの心身ともに健やかな成長と発達を促す場であり，子どもの成長のための環境が保障される場であることが求められる。さらに，子どもが生活し，生活習慣を身につけ，他者とかかわり，乳幼児期にふさわしい生活の場として，さまざまな経験を積み重ねることのできる場であり，豊かな環境を整えるべきである。

　そのような保育の場では，保育者の考え方や文化的背景，言葉遣いなどの生活習慣が見事に子どもに反映されるものである。

保育者自身も子どもにとっての人的環境となり，よくも悪くもさまざまに影響を与える。保育者は，そのようなことを意識しながら，保育を進める必要がある。あいさつの仕方，生活習慣，食事の仕方，言葉遣い等，癖や身のこなしからちょっとした仕草まで，子どもは保育者のまねをするものである。生活における子どものよきモデルになるのだと認識して保育にあたってほしい。

3　乳児保育における「養護と教育」
──「養護」面の強調

(1)「養護」の強調

　保育指針の第1章　総則　1　保育所保育に関する基本原則　(1)　保育所の役割の2項目は以下のとおりである。

> イ　保育所は，その目的を達成するために，保育に関する専門性を有する職員が，家庭との緊密な連携の下に，子どもの状況や発達過程を踏まえ，保育所における環境を通して，養護及び教育を一体的に行うことを特性としている。
>
> 保育所保育指針　第1章　総則　1　(1)

　さらに，保育指針では，改めて「養護に関する基本的事項」という項目を設けて，「養護の理念」について，次のように述べている。

> 保育における養護とは，子どもの生命の保持及び情緒の安定を図るために保育士等が行う援助や関わりであり，保育所における保育は，養護及び教育を一体的に行うことをその特性とするものである。保育所における保育全体を通じて，養護に関するねらい及び内容を踏まえた保育が展開されなければならない。
>
> 保育所保育指針　第1章　総則　2　(1)

　保育の場が乳幼児にとって安心して過ごせる生活の場となるためには，健康や安全が保障され，快適な環境であることが求められる。そして，一人ひとりの子どもが尊重され，信頼できる保育者の存在によって情緒が安定できることが「養護」という言葉で強調されている。そのためには，一人ひとりの心身の状態などに応じた保育者のきめ細かい配慮のもとでの関わりや援助が行われることが大事になってくる。

　保育とは，子どもを保護し，教育するという意味であるが，養護があってはじめて乳幼児期の保育は成り立つということを示している。さらには，「養護」とは「生命の保持及び情緒の安定」の2つのことを意味する。

表2-1 「生命の保持」と「情緒の安定」におけるねらい

ア　生命の保持	イ　情緒の安定
① 一人一人の子どもが，快適に生活できるようにする。 ② 一人一人の子どもが，健康で安全に過ごせるようにする。 ③ 一人一人の生理的欲求が，十分に満たされるようにする。 ④ 一人一人の子どもの健康増進が，積極的に図られるようにする。	① 一人一人の子どもが，安定感をもって過ごせるようにする。 ② 一人一人の子どもが，自分の気持ちを安心して表すことができるようにする。 ③ 一人一人の子どもが，周囲から主体として受け止められ，主体として育ち，自分を肯定する気持ちが育まれていくようにする。 ④ 一人一人の子どもがくつろいで共に過ごし，心身の疲れが癒されるようにする。

保育所保育指針　第1章　総則　2　(2)　養護に関するねらい及び内容

保育指針の第1章　総則　1　(2)　保育の目標　アの1項目は以下のとおりである。

> (ｱ) 十分に養護の行き届いた環境の下に，くつろいだ雰囲気の中で子どもの様々な欲求を満たし，生命の保持及び情緒の安定を図ること。
>
> 保育所保育指針　第1章　総則　1　(2)　ア（ｱ）

　乳児期の保育においては，保育室の遊びコーナー，生活コーナー，トイレ・手洗い場などすべての場にこの「十分に養護の行き届いた環境」をていねいに，温かく創造していくことが，とりわけ重要になってくる。健康で，安全で，安心して過ごせる保育環境が求められる。

　養護のねらい及び内容に関しては，第1章　総則　2　養護に関する基本的事項　(2) 養護に関わるねらい及び内容の中で，「生命の保持」と「情緒の安定」とに分けて示されている。表2-1には，ねらいに関する項目だけを列挙しておくが，乳児期の保育には，養護面でのねらい・内容がとりわけ大事になってくる。

(2) 養護と教育を一体的に行う

　例えば，保育者の子どもに対する排泄や清潔に関する世話などは，養護と考えられるが，気持ちを言葉で表現できない乳児に，保育者が言葉で表現してみせるのが教育である。「おむつが汚れているから，きれいにしようね」と言葉がけをしてから，世話をすることが養護であり，「きれいになって，気持ちよくなったね」と言葉で表現し，意味する気持ちを理解させることは，教育である。養護と教育を一体的に行う保育とは，子どもの成長・発達を見通して，一体的に行うことである。

　「養護及び教育を一体的に行う」ためには，保育者は子どもの様子をしっかりと観察し，子どもの気持ちを理解することが重要である。そのためにも，保育者は子どもとの信頼関係を構築しておかねばならない。そして，子どもの主体性や心積りを理解し，子どもへの教育と学びが一致して存在していることを，子どもの表情から確認する必要がある。乳幼児は言葉ではうまく表現できないことが多いため，保育者は子どもの感じ方を表情からも

理解できることが望ましい。

　保育者は,「一人一人の子どもの置かれている状態や発達過程などを的確に把握し,子どもの欲求を適切に満たしながら,応答的な触れ合いや言葉がけを行う」ことと,「一人一人の子どもの気持ちを受容し,共感しながら,子どもとの継続的な信頼関係を築いていく」,「保育士等との信頼関係を基盤に,一人一人の子どもが主体的に活動し,自発性や探索意欲などを高めるとともに,自分への自信をもつことができるよう成長の過程を見守り,適切に働きかける」(保育指針　情緒の安定　内容)ことも重要である。保育者は,日々の保育の場面において,子どもの気持ちを満たしながら,学びに寄り添うのである。

4　3つの資質・能力と乳児期の保育内容

　先述の「養護」に対して,「教育」とは,「子どもが健やかに成長し,その活動がより豊かに展開されるための発達の援助である」(保育指針　第2章　保育の内容)。保育においては「養護と教育が一体的に行われる」ことの意義と重要性については,説明したとおりである。

　ところで,2017(平成29)年に改定された保育指針では,これまでの乳児保育にはなかった,新しい側面が加えられた。それは,保育所保育においても幼稚園と同様に,小学校への就学までに育みたい資質・能力が示され,それを受けて,保育の内容が0歳児と1歳以上3歳未満児に区分されて記述されたことである。まず,生涯にわたる生きる力の基礎を培うために育みたい資質・能力を3つ示している。

(ア)　豊かな体験を通じて,感じたり,気付いたり,分かったり,できるようになったりする「知識及び技能の基礎」
(イ)　気付いたことや,できるようになったことなどを使い,考えたり,試したり,工夫したり,表現したりする「思考力,判断力,表現力等の基礎」
(ウ)　心情,意欲,態度が育つ中で,よりよい生活を営もうとする「学びに向かう力,人間性等」

　　　　　　　　　　　　　　　　　保育所保育指針　第1章　総則　4　(1)

　このような考えに基づいて,乳幼児期の保育における「ねらい」と「内容」が,「乳児保育」(0歳児保育)と,「1歳以上3歳未満児の保育」に分けて示された。5領域をそのままの年齢におろすのではなく子どもたちの発達に合わせて,0歳児の保育では,その目標群を大きく3つにくくって,その視点から保育を評価するようにした。この3つの目標群は,そのあとの1歳以上3歳未満児の保育につながるもので,そこでは5つの領域になっている。

　この背景には,発達を子どもの年齢別・月齢別に固定的にみるのではなく,発達のつながりとしてとらえようとする立場がある。とりわけ,乳児期は個人差が大きい時期であり,保育において,一人ひとりの子どもの中にどのようなことができるようになり,どのような学びが育っているのかを,連続性としてとらえ,そのことをていねいに保障してい

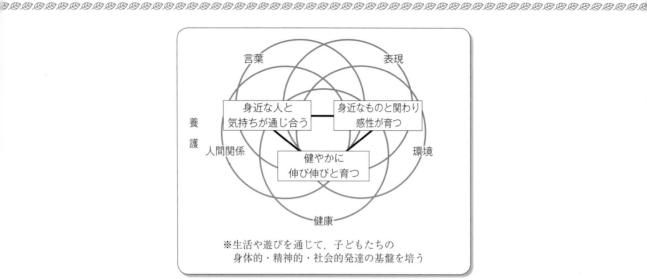

図2-1 乳児の保育内容の記載イメージ
出典）社会保障審議会児童部会保育専門委員会，2016

く保育がこれからの乳児保育には求められるのである。

(1) 乳児保育

1)「ねらい」と「内容」
保育指針における乳児保育の3つの視点の「ねらい」と「内容」を表2-2に示す。

2) 実施上の留意点
乳児保育の「ねらい」と「内容」の項目に沿って，実践上の留意点を述べる。

① 健やかに伸び伸びと育つ（身体的発達）
- 子ども一人ひとりの発達の状態に合った身体を動かす機会や環境を用意する。保育者に見守られながら，自分から身体を動かそうとする意欲が育まれるようにする。
- 離乳食が完了期へと移行する時期である。さまざまな食品に慣れつつ，楽しく食べる経験を増やして，進んで食べようとする気持ちが育つようにする。
- 食物アレルギーのある子どもは，嘱託医等の指示や協力の下，適切に対応する。

② 身近な人と気持ちが通じ合う（社会性の発達）
- 子ども一人ひとりの思いや欲求，感情を受け止め，適切に対応することから，人に自分の思いを伝える楽しさを実感し，人とやりとりをする意欲を育む中で，言葉の獲得を促す。

③ 身近なものと関わり感性が育つ（精神的発達）
- 子どもの発達状態に合った適切なおもちゃを選び，遊びをとおして感覚の発達が促されるように工夫する。
- 安全な環境で探索意欲を満たし自由に遊べるよう，十分に点検する。表情や発声，身体の動きから感情を表現しようとする意欲を受け止める。さまざまな活動を楽しむことをとおして，表現が豊かになるような関わりが大切である。

表2-2 乳児保育の「ねらい」と「内容」(保育所保育指針, 2017)

3つの視点	(ア) ねらい	(イ) 内 容
ア 健やかに伸び伸びと育つ 健康な心と体を育て、自ら健康で安全な生活をつくり出す力の基盤を培う。	① 身体感覚が育ち、快適な環境に心地よさを感じる。 ② 伸び伸びと体を動かし、はう、歩くなどの運動をしようとする。 ③ 食事、睡眠等の生活のリズムの感覚が芽生える。	① 保育士等の愛情豊かな受容の下で、生理的・心理的欲求を満たし、心地よく生活をする。 ② 一人一人の発育に応じて、はう、立つ、歩くなど、十分に体を動かす。 ③ 個人差に応じて授乳を行い、離乳を進めていく中で、様々な食品に少しずつ慣れ、食べることを楽しむ。 ④ 一人一人の生活のリズムに応じて、安全な環境の下で十分に午睡をする。 ⑤ おむつ交換や衣服の着脱などを通じて、清潔になることの心地よさを感じる。
イ 身近な人と気持ちが通じ合う 受容的・応答的な関わりの下で、何かを伝えようとする意欲や身近な大人との信頼関係を育て、人と関わる力の基盤を培う。	① 安心できる関係の下で、身近な人と共に過ごす喜びを感じる。 ② 体の動きや表情、発声等により、保育士等と気持ちを通わせようとする。 ③ 身近な人と親しみ、関わりを深め、愛情や信頼感が芽生える。	① 子どもからの働きかけを踏まえた、応答的な触れ合いや言葉がけによって、欲求が満たされ、安定感をもって過ごす。 ② 体の動きや表情、発声、喃語等を優しく受け止めてもらい、保育士等とのやり取りを楽しむ。 ③ 生活や遊びの中で、自分の身近な人の存在に気付き、親しみの気持ちを表す。 ④ 保育士等による語りかけや歌いかけ、発声や喃語等への応答を通じて、言葉の理解や発語の意欲が育つ。 ⑤ 温かく、受容的な関わりを通じて、自分を肯定する気持ちが芽生える。
ウ 身近なものと関わり感性が育つ 身近な環境に興味や好奇心をもって関わり、感じたことや考えたことを表現する力の基盤を培う。	① 身の回りのものに親しみ、様々なものに興味や関心をもつ。 ② 見る、触れる、探索するなど、身近な環境に自分から関わろうとする。 ③ 身体の諸感覚による認識が豊かになり、表情や手足、体の動き等で表現する。	① 身近な生活用具、玩具や絵本などが用意された中で、身の回りのものに対する興味や好奇心をもつ。 ② 生活や遊びの中で様々なものに触れ、音、形、色、手触りなどに気付き、感覚の働きを豊かにする。 ③ 保育士等と一緒に様々な色彩や形のものや絵本などを見る。 ④ 玩具や身の回りのものを、つまむ、つかむ、たたく、引っ張るなど、手や指を使って遊ぶ。 ⑤ 保育士等のあやし遊びに機嫌よく応じたり、歌やリズムに合わせて手足や体を動かして楽しんだりする。

(2) 1歳以上3歳未満児の保育

1)「ねらい」と「内容」

1歳以上3歳未満児では、養護における「生命の保持」および「情緒の安定」に関わる保育内容と一体となって「ねらい」および「内容」が展開されるものであることに、留意する。保育指針における「ねらい」と「内容」を表2-3に示す。

表2-3　1歳以上3歳未満児の保育の「ねらい」と「内容」(保育所保育指針，2017)

5領域	(ア) ねらい	(イ) 内容
ア 心身の健康に関する領域「健康」 健康な心と体を育て，自ら健康で安全な生活をつくり出す力を養う。	① 明るく伸び伸びと生活し，自分から体を動かすことを楽しむ。 ② 自分の体を十分に動かし，様々な動きをしようとする。 ③ 健康，安全な生活に必要な習慣に気付き，自分でしてみようとする気持ちが育つ。	① 保育士等の愛情豊かな受容の下で，安定感をもって生活をする。 ② 食事や午睡，遊びと休息など，保育所における生活のリズムが形成される。 ③ 走る，跳ぶ，登る，押す，引っ張るなど全身を使う遊びを楽しむ。 ④ 様々な食品や調理形態に慣れ，ゆったりとした雰囲気の中で食事や間食を楽しむ。 ⑤ 身の回りを清潔に保つ心地よさを感じ，その習慣が少しずつ身に付く。 ⑥ 保育士等の助けを借りながら，衣類の着脱を自分でしようとする。 ⑦ 便器での排泄に慣れ，自分で排泄ができるようになる。
イ 人との関わりに関する領域「人間関係」 他の人々と親しみ，支え合って生活するために，自立心を育て，人と関わる力を養う。	① 保育所での生活を楽しみ，身近な人と関わる心地よさを感じる。 ② 周囲の子ども等への興味や関心が高まり，関わりをもとうとする。 ③ 保育所の生活の仕方に慣れ，きまりの大切さに気付く。	① 保育士等や周囲の子ども等との安定した関係の中で，共に過ごす心地よさを感じる。 ② 保育士等の受容的・応答的な関わりの中で，欲求を適切に満たし，安定感をもって過ごす。 ③ 身の回りに様々な人がいることに気付き，徐々に他の子どもと関わりをもって遊ぶ。 ④ 保育士等の仲立ちにより，他の子どもとの関わり方を少しずつ身につける。 ⑤ 保育所の生活の仕方に慣れ，きまりがあることや，その大切さに気付く。 ⑥ 生活や遊びの中で，年長児や保育士等の真似をしたり，ごっこ遊びを楽しんだりする。
ウ 身近な環境との関わりに関する領域「環境」 周囲の様々な環境に好奇心や探究心をもって関わり，それらを生活に取り入れていこうとする力を養う。	① 身近な環境に親しみ，触れ合う中で，様々なものに興味や関心をもつ。 ② 様々なものに関わる中で，発見を楽しんだり，考えたりしようとする。 ③ 見る，聞く，触るなどの経験を通して，感覚の働きを豊かにする。	① 安全で活動しやすい環境での探索活動等を通して，見る，聞く，触れる，嗅ぐ，味わうなどの感覚の働きを豊かにする。 ② 玩具，絵本，遊具などに興味をもち，それらを使った遊びを楽しむ。 ③ 身の回りの物に触れる中で，形，色，大きさ，量などの物の性質や仕組みに気付く。 ④ 自分の物と人の物の区別や，場所的感覚など，環境を捉える感覚が育つ。 ⑤ 身近な生き物に気付き，親しみをもつ。 ⑥ 近隣の生活や季節の行事などに興味や関心をもつ。
エ 言葉の獲得に関する領域「言葉」 経験したことや考えたことなどを自分なりの言葉で表現し，相手の話す言葉を聞こうとする意欲や態度を育て，言葉に対する感覚や言葉で表現する力を養う。	① 言葉遊びや言葉で表現する楽しさを感じる。 ② 人の言葉や話などを聞き，自分でも思ったことを伝えようとする。 ③ 絵本や物語等に親しむとともに，言葉のやり取りを通じて身近な人と気持ちを通わせる。	① 保育士等の応答的な関わりや話しかけにより，自ら言葉を使おうとする。 ② 生活に必要な簡単な言葉に気付き，聞き分ける。 ③ 親しみをもって日常の挨拶に応じる。 ④ 絵本や紙芝居を楽しみ，簡単な言葉を繰り返したり，模倣をしたりして遊ぶ。 ⑤ 保育士等とごっこ遊びをする中で，言葉のやり取りを楽しむ。 ⑥ 保育士等を仲立ちとして，生活や遊びの中で友達との言葉のやり取りを楽しむ。 ⑦ 保育士等や友達の言葉や話に興味や関心をもって，聞いたり，話したりする。
オ 感性と表現に関する領域「表現」 感じたことや考えたことを自分なりに表現することを通して，豊かな感性や表現する力を養い，創造性を豊かにする。	① 身体の諸感覚の経験を豊かにし，様々な感覚を味わう。 ② 感じたことや考えたことなどを自分なりに表現しようとする。 ③ 生活や遊びの様々な体験を通して，イメージや感性が豊かになる。	① 水，砂，土，紙，粘土など様々な素材に触れて楽しむ。 ② 音楽，リズムやそれに合わせた体の動きを楽しむ。 ③ 生活の中で様々な音，形，色，手触り，動き，味，香りなどに気付いたり，感じたりして楽しむ。 ④ 歌を歌ったり，簡単な手遊びや全身を使う遊びを楽しんだりする。 ⑤ 保育士等からの話や，生活や遊びの中での出来事を通して，イメージを豊かにする。 ⑥ 生活や遊びの中で，興味のあることや経験したことなどを自分なりに表現する。

2）実施上の留意点

1歳以上3歳未満児の保育の「ねらい」と「内容」の項目（5領域）に沿って，実践上の留意点を述べる。

① 心身の健康に関する領域「健康」

- 心と身体の健康の密接な関連を踏まえて，温かいふれ合いをとおして心と身体の発達を促す。
- 一人ひとりの発育に応じて身体を動かす機会をつくり，自分から身体を動かそうとする意欲が育まれるようにする。
- 望ましい食習慣の形成の重要性を踏まえ，ゆったりとした雰囲気の中で食べる喜び・楽しさを味わうことで，進んで食べようとする気持ちを育てる。
- 食物アレルギーのある子どもは，嘱託医等の指示や協力の下，適切に対応する。
- 一人ひとりの排尿感覚等を踏まえ，排泄の習慣は少しずつ慣れさせるようにする。
- 生活に必要な基本的習慣は，一人ひとりの状態に応じて落ち着いた雰囲気の中で行い，自分でしようとする気持ちを尊重する。

② 人との関わりに関する領域「人間関係」

- 保育者との信頼関係に支えられて生活を確立するとともに，自分で何かをしようとする気持ちが旺盛になる。温かく見守りながら愛情豊かに，応答的に関わり，適切に援助する。
- 子どもの不安定な感情の表出は，保育者が受容的に受け止め，立ち直る経験や感情のコントロールへの気づき等につなげていく援助をする。
- 自己と他者の違いの認識が不十分なことから，子どもの自我の育ちを見守りつつ，保育者が仲立ちとなり，気持ちを伝えること・読みとることの大切さなど，友だちの気持ちや友だちとの関わり方をていねいに伝える。

③ 身近な環境との関わりに関する領域「環境」

- おもちゃは，音質・形・色・大きさなど発達状態に応じた適切な物を選ぶ。遊びをとおして感覚の発達が促されるよう工夫する。
- 身近な生き物との関わりから命を感じ，生命の尊さに気づく経験へとつなげる。気づきを促すような関わりになるよう助ける。
- 地域の生活や季節の行事は，社会とのつながりや地域社会の文化への気づきにつなげるのがよい。保育所内外の行事や地域の人びととのふれ合いの機会をもつことも考慮する。

④ 言葉の獲得に関する領域「言葉」

- 身近な人に親しみをもって接し，感情を伝え，相手の言葉を聞くことが言葉の獲得につながる。楽しい雰囲気で保育者との言葉のやりとりがもてるようにする。
- 自分の思いを言葉で伝え，相手の話を聞くことで，次第に話を理解し，言葉による伝え合いができるようになる。子ども同士の関わりの仲立ちを行う。
- 片言→二語文→ごっこ遊びへとやりとりの程度と言葉の習得が進む時期である。子どもの発達の状況に応じて，保育内容を適切に展開する。

⑤ 感性と表現に関する領域「表現」
- 遊びや生活場面で表出される子どもの表現を積極的に受け止め，表現の仕方や感性を豊かにする経験となるようにする。
- 子どもが試行錯誤しながら表現を楽しんだり，自分の力でやり遂げる充実感に気づくよう，温かく見守りつつ適切に援助する。
- 感情表現から，自分の気持ちに気づくようになる。受容的な関わりから自信をもって表現すること，諦めなかった後の達成感等を感じられるような経験の蓄積を助ける。
- 身近な自然や事物との関わりから，発見や心が動く経験が得られるよう，保育環境を整える。

■参考文献
- 髙内正子編著：胎児期から2歳まで 新乳児保育への招待，北大路書房，2017
- 大橋喜美子編著：新時代の保育双書 乳児保育，みらい，2018
- 乳児保育研究会編：乳児の保育新時代，ひとなる書房，2018
- 汐見稔幸・無藤 隆監修：平成30年施行保育所保育指針 幼稚園教育要領 幼保連携型認定こども園教育・保育要領解説とポイント，ミネルヴァ書房，2018
- 厚生労働省：保育所保育指針，2017
- 厚生労働省：子ども虐待による死亡事例等の検証結果等について（第14次報告）の概要，2018

第3章

乳児保育が行われる場
―さまざまな施設や事業

1　子ども・子育て支援新制度と乳児保育

　2012（平成24）年8月，子ども・子育て関連3法（子ども・子育て支援法，認定こども園法*の一部改正法，子ども・子育て支援法及び認定こども園法の一部改正法の施行に伴う関係法律の整備等に関する法律）が成立し，2015（平成27）年4月から幼児期の学校教育・保育，地域の子育て支援の量の拡充や質の向上を図ることを目的とした子ども・子育て支援新制度（以下，新制度）がスタートしたことで，乳児保育の場は一層拡大してきている。本章では，新制度の下，乳児保育が行われる施設および地域子育て支援事業について解説する。（*認定こども園法の正式な法律名は p.27 参照）

　新制度における支援事業の主体は，市町村と国である（図3-1）。市町村の財政支援は，「施設型給付」（乳幼児の受け入れ先を幼稚園，保育所，認定こども園の3つに整理。乳児保育が行われる場は保育所および認定こども園）と「地域型保育給付」（小規模保育，家庭的保育，居宅訪問型保育，事業所内保育）である。また，地域の実情に応じた「地域子ども・子育て支援事業」を法定し，一時預かりやファミリーサポートなど，13の支援事業により在宅の子育て家庭を中心とした支援の充実をめざしている。

　国は，企業主導型の「仕事・子育て両立支援事業」として，事業所内保育を主軸に保育サービス拡大を支援している。また，多忙な労働者が低価格で利用できるベビーホテル，認可外保育施設やベビーシッターの派遣サービスも支援するとしている。

　新制度では，施設型給付費等の支給を受ける子ども（施設・事業者が代理受領）の認定区分が示されている。満3歳未満児（0〜2歳）は「3号認定子ども」として保育所・認

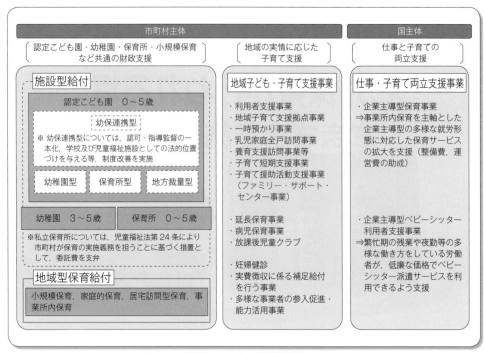

図 3-1　子ども・子育て支援新制度の概要
出典）内閣府：子ども・子育て支援新制度 HP

表 3-1　施設型給付費等の支給を受ける子どもの認定区分

認定区分	給付の内容	利用定員を設定し，給付を受けることとなる施設・事業
満3歳以上の小学校就学前の子どもであって，2号認定子ども以外のもの（1号認定子ども） 　　　（子ども・子育て支援法第19条第1項第1号）	教育標準時間（※）	幼稚園 認定こども園
満3歳以上の小学校就学前の子どもであって，保護者の労働又は疾病その他の内閣府令で定める事由により家庭において必要な保育を受けることが困難であるもの（2号認定子ども）　　（同第19条第1項第2号）	保育短時間 保育標準時間	保育所 認定こども園
満3歳未満の小学校就学前の子どもであって，保護者の労働又は疾病その他の内閣府令で定める事由により家庭において必要な保育を受けることが困難であるもの（3号認定子ども）　　（同第19条第1項第3号）	保育短時間 保育標準時間	保育所 認定こども園 小規模保育等

（※）教育標準時間外の利用については，一時預かり事業（幼稚園型）等の対象となる。
出典）内閣府：子ども・子育て支援新制度 HP

定こども園・小規模保育等において保育される（表3-1）。
　本章では以上のような施策を踏まえて，乳児保育に関わる場として，①新制度による保育施設（保育所，幼保連携型認定こども園），②地域型保育事業（小規模保育，家庭的保育，居宅訪問型保育，事業所内保育），③児童福祉施設である乳児院，④企業主導型保育

事業，⑤地域子育て支援事業（地域子育て支援拠点事業，一時預かり事業）について解説する。

2 新制度による保育施設

(1) 保　育　所

　保育所は「保育を必要とする乳児・幼児を日々保護者の下から通わせて保育を行うことを目的とする」（児童福祉法第39条）児童福祉施設である。保育所は，全国に2万3,524か所あり208万8,406人の児童が在籍している（2018年4月1日現在）。保育所の利用には，市町村が子ども・子育て支援法で定められた保育を必要とする基準により保育の実施を決定する。3歳未満児は3号認定となる（表3-1参照）。

　保育所の設備は，「児童福祉施設の設備及び運営に関する基準」に規定され（第32条），2歳未満と2歳以上で設備基準が分けられている。具体的には，乳児または満2歳に満たない幼児を入所させる保育所には，①乳児室またはほふく室，医務室，調理室および便所の設置，②乳児室の面積は，乳児または幼児1人につき$1.65\,m^2$以上，③ほふく室の面積は，乳児または幼児1人につき$3.3\,m^2$以上，④乳児室またはほふく室には，保育に必要な用具の備え等である。

　また，職員については，保育士，嘱託医および原則として調理員が必要であり，このうち保育士の配置基準は，乳児は3人，1・2歳児は6人，3歳児は20人（15人に1人とすると加算措置がある），4歳以上児は30人につき，それぞれ保育士1人以上配置することとされている。

(2) 幼保連携型認定こども園

　認定こども園は，2006（平成18）年に制定された「就学前の子どもに関する教育，保育等の総合的な提供の推進に関する法律」（通称，認定こども園法）に基づいた施設である。①保護者が働いている，いないにかかわらず受け入れて，就学前の子どもに幼児教育・保育を提供する，②子育て相談や親子の集いの場の提供など地域における子育ての支援を行うという2つの機能をもつ。幼保連携型・保育所型・幼稚園型・地方裁量型の4類型があるが，全国に6,160園（幼保連携型4,409園，保育所型720園，幼稚園型966園，地方裁量型65園）あり，80万6,621人が在籍している（2018年4月1日現在）。

　都市部における待機児童問題，過疎地における就学前保育施設の定員割れ問題，3歳未満児の保護者の子育て支援の不足を契機として導入された制度である。2015（平成27）年，認定こども園法の改正により，幼保連携型認定こども園は，学校教育・保育および家庭における養育支援を一体的に提供する施設とし，教育基本法上の「法律に定める学校」（第6条），児童福祉法に基づく第2種社会福祉事業（児童福祉施設）として位置づけられた。

幼保連携型認定こども園には，学校教育と保育を担う職員として保育教諭が置かれる。保育教諭は資格名ではなく職名であり，幼稚園教諭免許状と保育士資格を併有することが原則である。保育教諭の配置基準は保育所と同様である。

地域型保育事業

　保育ニーズの増加に対応するため，新制度の施行に合わせて 6 人以上 19 人以下の子どもを保育する「小規模保育」，5 人以下の子どもを保育する「家庭的保育」，従業員の子どもと地域の子どもを保育する「事業所内保育」など 4 つの事業を児童福祉法に位置づけ，市町村の認可で設置できることになった（図 3-2）。3 歳未満児までの事業であることから，保育内容の支援および卒園後の受け皿の役割を担う施設との連携を図ることを求めている（居宅訪問型保育以外の事業）。小規模保育事業 2,429 件，家庭的保育事業 958 件，事業所内保育事業 323 件，居宅訪問型保育事業 9 件（2016 年 4 月 1 日現在）となっている。

（1）小規模保育事業

　児童福祉法に位置づけられた 3 歳未満児を対象とした利用定員 6 人以上 19 人以下の施設である。A 型（保育所分園，ミニ保育所に近い類型），C 型（家庭的保育（グループ型小規模保育）に近い類型）と B 型（中間型）の 3 類型を設け，認可基準を設定している。都市部では，認定こども園などを連携施設として，小規模保育等を増やすことによって待機児童の解消を図り，人口減少地域では，隣接自治体の認定こども園等と連携しながら小規模保育等を拠点とし，地域の子育て支援機能を維持・確保することをめざしている。

　保育者の配置基準は現行の保育所の職員配置に 1 名の追加配置となっている。A 型は職員がすべて保育士，B 型は半数以上，C 型は家庭的保育者が要件である。保育士の資格

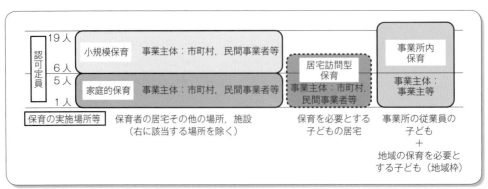

図 3-2　地域型保育事業の位置づけ
出典）内閣府

がないものについては，原則として2015（平成27）年より国が定めたガイドラインに沿った，自治体が行う20時間程度の子育て支援員（地域保育コース）という研修の受講者が要件となっている（表3-2）。

表3-2 地域型保育事業の認可基準

		職　員		設備・面積	処遇等
		数	資　格	保育室等	給　食
保育所		0歳　　3：1 1・2歳　6：1	保育士 ※保健師または看護師の特例有（1人まで）	0・1歳 　乳児室 1.65m²/1人 　ほふく室 3.3m²/1人 2歳以上 　保育室等 1.98m²/1人	自園調理 ※公立は外部搬入可（特区） 調理室 調理員
小規模保育	A型	保育所の 配置基準＋1名	保育士 ※保育所と同様，保健師または看護師の特例有	0・1歳 　3.3m²/1人 2歳以上 　1.98m²/1人	自園調理 （連携施設等からの搬入可） 調理設備 調理員
	B型		1/2以上保育士 ※保育所と同様，保健師または看護師の特例有 ※保育士以外には研修実施		
	C型	0～2歳　3：1 （補助者を置く場合5：2）	家庭的保育者＊		
家庭的保育		0～2歳　3：1 （家庭的保育補助者を置く場合5：2）	家庭的保育者＊ （＋家庭的保育補助者）	0～2歳 　3.3m²/1人	自園調理 （連携施設等からの搬入可） 調理設備 調理員（3名以下の場合，家庭的保育補助者を置き，調理を担当すること可）
事業所内保育		定員20名以上 定員19名以下	保育所の基準と同様 小規模保育事業A型，B型の基準と同様		自園調理 （連携施設等からの搬入可） 調理設備 調理員
居宅訪問型		0～2歳　1：1	必要な研修を修了し，保育士，保育士と同等以上の知識および経験を有すると市町村長が認める者	―	―

＊市町村長が行う研修を修了した保育士，保育士と同等以上の知識および経験を有すると市町村長が認める者。
出典）内閣府

3　地域型保育事業

事例1．津市小規模保育所A園（民営）

　設置主体は学校法人。定員は19名の保育所である。園児は19名（2018年12月時点），保育士は8名（正規職員5名，パート3名）である。保育時間は7時30分〜18時30分。完全な自園調理を行っており，離乳食やアレルギー児にもしっかり対応できるようになっている。小さなプールが置けるような園庭（スペース）が設備されている。保育室はひとつの広いオープンスペースで部屋の中央にトイレがあり，ゆるやかな形で，棚などを利用して，年齢別の4ブロックに区別し保育を行っている。同市に設置主体が同じ幼保連携型認定こども園があり，すぐ近くには幼稚園がある。小さな園庭はあるが，保育所の子どもたちは必ず1日1回は幼稚園の園庭を訪れ，いっしょに遊ぶため，異年齢の交流がとれている。保育者は，小規模保育のメリットとして「保育者間の連携の取りやすさ」，「子ども一人ひとりへの手厚い保育が行えること」をあげている。同法人理事長は，比較的近隣に幼稚園・幼保連携型認定こども園に加え，小規模保育所を開園することで，地域の保護者がそれぞれのニーズに合った就学前の教育・保育環境を選択できる，また市街地という地域のニーズにスピーディに応えることが可能であるという小規模保育所の特性（自治体認可）を生かせることから，開園を決意したという。

（2）家庭的保育事業

　保育を必要とする3歳未満児を，家庭的保育者の居宅あるいはその他の場所で，家庭的保育者による保育を行う事業である。必要に応じ，満3歳以上の幼児も保育できる。2008（平成20）年の児童福祉法改正において法制度化された家庭的保育事業は，従来の「保育ママ」（子どもを預けられる保育の場がない場合に，保育を請け負う家庭福祉員）といわれるものである。従来の家庭的保育は保育者自身の自宅を保育の場としてきたが，新制度では「家庭的保育者の居宅その他の場所」と保育の場に関する規定が緩和された。また，家庭的保育では保育者1人あたりの保育する子どもの数は3人以下，家庭的保育補助者を置く場合には5人までとなった。

(3) 居宅訪問型保育事業

　保育を必要とする3歳未満児を，各々の居宅で家庭的保育者による保育を行う事業。必要に応じ，満3歳以上の幼児も保育できる。住み慣れた居宅において一対一を基本とするきめ細やかな保育を実施する。従来のベビーシッターである。公費を投入する対象としては，障害児や小児慢性疾患に罹患している乳幼児のうち個別の対応が必要な場合やひとり親家庭で夜間の宿直勤務がある場合，離島・僻地等でほかに利用できる保育サービスが存在しない場合が想定される。

(4) 事業所内保育事業

　事業主がその雇用者の子どものために設置した施設等において，保育を必要とする3歳未満児を対象に行う事業である。必要に応じ，3歳以上の幼児も保育できる。利用定員が19人以下については小規模保育事業と，20人以上については保育所と整合性が図られた基準となっている。対象児童の地域枠については1人以上から利用定員の3分の1ないしは4分の1程度以上となるよう定員規模において人数を規定する。

事例2．B県C病院内保育所

　1973年に設立され，病院に隣接する定員132名の保育所である。設立時の運営主体はC病院であったが，現在では保育を提供する会社に委託している。病院に勤務する職員の子ども93名が利用している（2018年12月時点）。その内訳は0歳児15名，1歳児21名，2歳児18名，3歳児15名，4歳児11名，5歳児13名となっている。保育者数は看護師を含め19人である。保育者も利用者の勤務時間に合わせて交替制勤務となっている。基本的な保育時間は月曜日から金曜日の7時30分〜18時15分である。年中行事や季節の行事などの保育行事，保育計画案，保育記録等も一般的な保育所とあまり変わりはない。早朝保育，夜間保育，土曜保育は希望者のみ行う。夜間保育は月に8回までと決まっているが，昨今は夜間保育を必要とする児童数が減ってきているそうだ。また，病児保育も実施している。事業所内保育所ということで，変則的な保護者の勤務体制に対応し保護者との連携がとりやすい。夜間保育の体制や0歳児の入所枠が足りないのが課題ということだ。

❹ 乳児院

　乳児院は，「乳児を入院させて，これを養育し，あわせて退院した者について相談その他の援助を行うことを目的とする」（児童福祉法第37条）児童福祉施設である。全国の施設数は138か所で，入所者数は2,801人である（2017年3月末現在）。原則として乳児を入所させて養育する施設であるが，2004（平成16）年の児童福祉法改正では特に必要のある場合には幼児についても対象になることが明記され，実際にはさまざまな理由により家庭から離れ，保護者から離れて生活する2歳以上の低年齢児も多く在籍している。3歳以上の在籍児には，重い障害のある子どもが含まれている場合もある。

　入所は児童相談所からの依頼によって決定し，保育士，看護師など専門職員がその養育にあたる。保育所保育と区別するため，乳児院では「養育」という表現を使っている。

　乳児院での養育内容は，乳児の健全な発育を促進しその人格の形成に資するものでなければならないとされ，乳幼児期に必要な保健的環境を整備することの重要性が強調されている。入所理由は，「父母が死亡あるいは行方不明」，「父母が養育を放棄」，「父母の疾病」，「養育困難」等となっている。近年虐待を受けた子どもの入所が増加していることから，被虐待児の個別対応職員を乳児院にも配置している。

　2012（平成24）年3月には，従来の「家庭代替機能」から家族機能の支援・保管・再生を重層的に果たす「家庭支援（ファミリーソーシャルワーク）機能」への転換を掲げている。その内容は，親子関係調整や家庭機能の回復支援を施設と保護者が協働すること，一時保護委託が常態化していることからアセスメント機能を充実させること，養育単位の小規模化，里親支援拠点として虐待予防のショートスティ（子育て短期支援事業），資源としての地域支援機能推進をめざすものとなっている。

　2017（平成29）年8月には「新しい社会的養育ビジョン」がとりまとめられ，2018（平成30）年7月には「乳児院・児童養護施設の高機能化及び多機能化・機能転換，小規模かつ地域分散化の進め方」の通知が出されている。その取り組み事例をみると，入所乳児の家庭復帰に向けた取り組みに加え，里親支援・地域子育て支援拠点事業や一時預かり保育等地域支援の取り組みを幅広く実施している事例や，乳児院に里親支援事業，産前・産後母子支援事業，特別養子縁組事業を付加したりしている。これは，乳児院の新生児の養育経験値や病児や障害児の養育スキル，保護者への養育支援スキル，休日がないことでいつでも受け入れる体制がある，保育士・心理士・看護師・栄養士・ソーシャルワーカー等さまざまな種類の職員によるサポート体制など施設の強みを社会のニーズや地域の要請に合わせて活用していこうとするものである。

5　企業主導型保育事業

　企業主導型保育事業とは，2012（平成24）年の子ども・子育て支援法の改正により新設された「仕事・子育て両立支援事業」に基づくもので，2016（平成28）年度から始まった制度である。多様な就労形態に対応する保育サービスの拡大を受け，新たなる保育の受け皿を増やすという趣旨から，企業が主導して設置する保育施設において，その整備・運営に係る費用の一部を助成しているが，既存の事業所内保育事業は助成の対象とはならない。企業主導型保育事業では，保育施設の設置場所が企業の敷地内に限定していないことから，中小企業が共同で設置・利用するもの，利用する従業員の利便性を考えて駅近接地に設置するものなど，利用者や企業のニーズに沿った形で事業を展開している。助成件数は871施設で定員2万284人分となっている（2017年3月30日現在）。

事例3．栃木県D企業主導型保育所すくすくがーでん

　設置主体は全国に事業所がある自動車会社D。女性の退職率低減対応など性別にかかわらず従業員一人ひとりが等しくキャリア形成が可能なように，また子育て中の社員にとって働きやすい職場の環境整備の一環として，2つの企業内保育所を運営している。

　そのひとつである「すくすくがーでん」は2017年に創設された，定員50名の保育所である。産後57日目から就学までの子ども38名が利用している（2018年12月時点）。その内訳は0歳12名，1歳19名，2歳6名，3歳1名となっている。そのうち，夫のみの従業員が24名，夫婦ともが8名（32％），母のみ6名であり，0・1歳が8割以上となっている。利用対象者は企業および関連企業従業員で，開設日は土・日・祝日を含む企業カレンダーによる稼働日となっている。開設時間は，7時～19時30分。保育料は，給与水準ににかかわらず一律設定となっている。

　企業内保育所ならではの特徴的なサービスとして，年度途中の入所しやすさや早期復職を希望とする社員，キャリア入社，海外からの帰任者など，多様な人材の活躍を支えることが可能であるとしている。施設管理は，同企業系列会社に，施設運営に対しては保育を提供する会社に委託し，保育士・看護師・栄養士・調理師を採用配置し，自園調理，アレルギー対応とともに保育計画に沿った保育を提供している。今後，全国の事業所に設置していく予定ということだ。

6 地域子育て支援事業

市町村による子ども・子育て家庭等を対象とする事業で，13事業が実施されている（図3-1参照）。そのうち，乳児保育の場でもある地域子育て支援拠点事業，一時預かり事業について解説し，おもな事業を表3-3に示す。

(1) 地域子育て支援拠点事業

子育てが孤立化し，子育ての不安・負担が増している現代では，親子が気軽に通い交流や相談ができる場が必要になった。新制度では常設の場を設ける「一般型」と，親子が集う多様な施設を設ける「連携型」に再編された。事業内容は，①交流の場の提供・交流促進，②子育てに関する相談・援助，③地域の子育て関連情報提供，④子育て・子育て支援に関する講習等の実施である。

①〜④の事業を，一般型は，子育て親子が集う常設の交流の場で行い，連携型は，児童館等の多様な子育て支援に関する施設で子育てに従事する当事者や経験者をスタッフに交えて実施する。

(2) 一時預かり事業

家庭において保育を受けることが一時的に困難となった乳幼児を，保育所その他の場所で一時的に預かり，必要な保護を行う事業である。2015（平成27）年の新制度により現

表3-3　3歳未満児に関わるおもな地域子育て支援事業

利用者支援事業	子ども及びその保護者等の身近な場所で，教育・保育・保健その他の子育て支援の情報提供及び必要に応じ相談・助言等を行うとともに，関係機関との連絡調整等を実施する事業。
地域子育て支援拠点事業	乳幼児及びその保護者が相互の交流を行う場を提供し，子育てについての相談，情報の提供，助言その他の援助を行う事業。
乳児家庭全戸訪問事業	生後4か月までの乳児のいる全ての家庭を訪問し，子育て支援に関する情報提供や養育環境等の把握を行う事業。
子育て援助活動支援事業 （ファミリー・サポート・センター事業）	乳幼児や小学生等の児童を有する子育て中の保護者を会員として，児童の預かり等の援助を受けることを希望する者と当該援助を行うことを希望する者との相互援助活動に関する連絡，調整を行う事業。
一時預かり事業	家庭において保育を受けることが一時的に困難となった乳幼児について，主として昼間において，認定こども園，幼稚園，保育所，地域子育て支援拠点その他の場所において，一時的に預かり，必要な保護を行う事業。

出典）内閣府

行の「保育所型」,「地域密着型」,「地域密着Ⅱ型」が一般型に再編された。職員は認可保育所と同じ配置基準とする。保育者の複数配置を基本とするが,配置基準から算出される必要数が1名で,保育士・幼稚園教諭からの支援を受けられる場合には,専任職員は1名とすることができる。一般型のほか,基幹型(継続。一般型の中でも,通常保育を実施しない土日・祝日にも実施),余裕活用型(新規。保育所等の利用児童数が定員に満たない場合に,定員の範囲内で実施),幼稚園型(後継。従来の幼稚園預かり保育),居宅訪問型(新規。障害児等の居宅で実施)が設けられている。3歳未満児の子育て家庭にとって,もっとも高いニーズに対応する事業である。

■参考文献
・内閣府 HP:子ども・子育て支援新制度　http://www8.cao.go.jp/shoushi/shinseido/
・厚生労働省 HP:保育所等関連状況取りまとめ(平成30年4月1日)
・柏女霊峰:子ども・子育て支援制度を読み解く　その全体像と今後の課題,誠信書房,2017

第4章

0歳児の発達と保育

1　0歳児の保育のポイント

　保育所保育指針では，第1章　総則で「養護に関する基本的事項」が示され，「保育における養護とは，子どもの生命の保持及び情緒の安定を図るために保育士等が行う援助や関わりであり，保育所における保育は，養護及び教育を一体的に行うことをその特性とする」としている。生まれて間もない乳児は，食事・睡眠・排泄などの生理的欲求を身近な大人にすべて満たしてもらわなければならない。そして，発達進度が一人ひとり異なり，特に個人差が大きいのが特徴である。"0歳児クラス"というひとつのくくりに属するが，養護的側面として，乳児ごとにできることが異なることを理解し，一人ひとりの生理的なリズムを尊重して対応しなければならない。

　教育的側面においては，「育みたい資質・能力」が示され，乳児の生活と遊びをとらえる視点として，「健やかに伸び伸びと育つ」，「身近な人と気持ちが通じ合う」，「身近なものと関わり感性が育つ」があげられている。乳児期は，身近な大人との応答的な関わりによって発育・発達が促されることから，0歳児の保育では，一人ひとりの生活の確立をめざして，スキンシップや運動を行い，健康で豊かに過ごす中で心身ともの発育を促すこと，応答的な関わりから，人との関わりを喜び，愛情や信頼感の芽生えを培うこと，身近な環境に興味をもち，自分からさまざまな物に関わり，感じたことを表現すること等が求められる。

　0歳児の保育では，養護的側面だけでなく，遊びをとおしたさまざまな経験を積み重ねていくことを援助するという教育的側面も密接に関連している。食事やおむつ替えは，食

欲を満たす・清潔を保つという養護的な関わりだけでなく、「おいしいね」、「気持ちよくなったね」などと乳児の気持ちを代弁し、子どもの興味・関心を引き出す教育的な関わりでもある。

　乳児の発達の特徴を理解したうえで、生活と遊びを3つの視点でとらえ、養護と教育を一体的に行っていくことが求められる。保育者は、乳児が興味・関心を示しそうなものを考え、周囲の安全性を確認し、集中して遊べる環境を用意し、乳児の働きかけや表現することを共感的に受け止め、いっしょに遊びながら愛情豊かに、応答的に関わることが重要である。

発育・発達の特徴と保育内容・方法

(1) 発育・発達の特徴

1) 身体機能の発育・発達

　出生時の乳児の平均的な身長は約50cm、体重は約3kg前後であり、その後、体重は6か月で2倍に、1年で身長は1.5倍・体重は3倍へと、著しい増加を示す。このように、乳児期は成長が著しい時期で、その発育の仕方は個人差が大きく、単純に平均値の大小を比較する方法では、発育状態を正しく評価することはできない。そのため、厚生労働省が発表している乳幼児身体発育曲線（パーセンタイル曲線）があり、3・10・25・50・75・90・97パーセンタイル値が性別ごとに示されている。50パーセンタイル値が中央値であり、3パーセンタイル値未満、97パーセンタイル値を超える子どもは、発育に偏りがあるとみなされ、経過観察をする必要があるが、運動・言語・精神などの発達状況などと合わせて総合的に評価することが大切である。

2) 認識機能と言葉の発達

A. 視　覚

　新生児の視力は0.02程度で、遠くの物はあまり見えていないが、約30～50cmの距離であれば焦点を合わせることができるといわれている。これは、大人が乳児を腕に抱いたときのお互いの顔の距離に相当することから、抱きかかえたり、授乳したりする際には、笑顔で目を見つめ（アイコンタクトを図り）ながら、言葉がけをするように努めたい。保護者にも、携帯電話を見ながら抱っこや授乳をすることは控えるよう勧めてほしい。また、3か月頃になると首がすわり、自分の意志で身体を少しずつ動かせるようになることから、動く物や興味のある物を目で追ったりじっと見つめたりするようになる。

B. 聴　覚

　聴覚は、胎児の頃から発達し始め、さまざまな音を聞いている。そのため、出生後すぐに大人にあやしてもらって反応したり、大きな音がしたら、全身をピクンと動かして反応したりする。女性の高い声や大人が赤ちゃんに話しかけるときの、トーンの高い抑揚のある言葉がけには、耳を傾けたりほほえんだりするなど、反応がよい。

表4-1 0歳児の発達の姿

	運動機能	言語・認識	人間関係
1～3か月	・腹ばいで頭を上げる ・手を握る ・首がすわってくる	・声を出す ・音に反応する ・笑う	・母親を覚える
4～6か月	・寝返りをする ・物をつかむ	・声のほうを見る ・名前に反応する ・意味のない言葉を発する	・ほほえみ返す ・見えなくなったおもちゃを探す
7～9か月	・支えなくてもおすわりできる ・ハイハイする ・つかまり立ちする	・聞いた音をまねる	・人見知りが始まる ・声から感情を認識する ・親のまねをはじめる
10～12か月	・2本指でつまむ ・伝い歩きをする	・意味のある言葉をひとついう ・名前に反応する	・表情から感情をよみとる

C. 嗅　覚

自分の母親と他の女性の母乳の匂いのついたガーゼの違いがわかるほど，嗅覚はよく発達している。

D. 味　覚

生後すぐの頃から，甘味や塩味，酸味，苦味などにより表情を変え，甘味を好み，苦味や酸味は口から出そうとする傾向がある。個人差はあるが，味覚は敏感である。

E. 人との関わり

乳児は，空腹や排泄で不快な状況など，生理的欲求があるときに泣くことで表現し，周りの大人がそれに気づき，愛情深く応答していく。その経験の積み重ねから，さまざまな欲求を訴え，意図的に大人との関わりを求めるようになる。また，反射により，口角が上がる「生理的微笑」は大人には笑っているようにみえる。生理的微笑に対し，大人は愛おしさを感じ，関わりたい気持ちになり，あやす機会は自然に増える。そのやりとりを繰り返していくと，3か月頃には人に向けた笑いである「社会的微笑」をするようになり，大人との関わりを求めるようになってくる。

世話をしてくれる身近な大人との愛着関係をもとに，誰にでも笑顔をみせていた乳児にも，7～8か月頃になると見慣れない顔を見ると泣き出す「人見知り」がみられるようになる。さらに，9～10か月以降に，大人と物を介した気持ちの共有（三項関係，第15章第1節参照）が成立するようになり，言葉の前段階といわれる指さしがたびたびみられるようになる。これが，三項関係が「言葉の前の言葉」といわれるゆえんである[1]。

F. 言葉の発達

4～6か月になると，喃語(なんご)を発することが多くなり，さまざまな音声を出すようになる。7か月頃になると，さらに喃語を活発に発するようになり，9～10か月頃には身近な大人の簡単な音声をまねするようになってくる。その発声をしっかりと受け止めて，やさしく

話しかけ，大人との関わりを楽しいと思えるようにすることが大事である。

9〜10か月以降に，三項関係が成立し，指さしが頻繁にみられるようになると，間もなく言葉が出現する。10か月頃になると，自分の名前を呼ばれると返事をしたり，「いただきますは？」と聞かれると両手を合わせたりなど，言葉を理解した動作がみられるようになる。初語の出現にはかなり個人差があり，11か月頃から2歳頃である。言葉を話すよう無理に教え込むのではなく，生活や遊びの中で，友だちや保育者との豊かな経験の積み重ねの中で感じたり思ったりしたことを共有する，伝え合う喜びによって自然と発せられるようにしていくことが大切である。

3）運動機能の発達

乳児の運動機能には，一定の方向性や順序がある。頭から身体の下の方へ，身体の中心から末端へと発達する。また，原始反射から随意運動へと発達が進んでいく。

A. 原始反射

新生児は，自分の意志で筋肉を動かして，身体を動かす随意運動ができない。この頃の動きは，意志とは関係なく，外界の危険から生命を守るよう，生得的に備わっている機能である原始反射や感覚機能に依存している。

原始反射には，口唇探索反射や吸啜反射，把握反射，モロー反射などがある。3〜4か月頃になると，みずからの意志で身体を動かす随意運動の発達がみられるようなり，ほとんどの原始反射は消失していく。反射がみられなかったり，それ以外の時期にみられたりする場合には，神経系の障害が疑われる場合があることから，注意深く観察する必要がある。

B. 随意運動

随意運動は，身体の体幹部や腕，足などの体肢を中心とした粗大運動と，指先などの小さな部分を中心とした微細運動に分けられる。粗大運動を習得してから，次第に微細運動が発達する。

〔粗大運動の発達〕

2〜3か月頃　うつ伏せの姿勢から頭を上げたり，頭を上げて周囲を見まわしたりする姿がみられるようになる。また，縦抱きにした際は，ぐらつかず，首がすわるようになる。

4〜6か月頃　仰向けからうつ伏せへと寝返りができるようになったり，大人に支えてもらって座ることもできるようになる。

5〜6か月頃　目と手の協応動作が発達し，おもちゃを見て，それに手を伸ばしてふれたり，握ったりするようになる。

7〜8か月頃　うつ伏せから仰向けへの寝返りもするようになり，ひとりで倒れず座ることができるようになる。ずりはいで好きなおもちゃをとりに行けるようになる。

9〜10か月頃　胴体をもち上げ，手のひらと膝を使う四つばいへと移行し，行きた

ひとりで座れる

い方向に自由自在に移動できるようになる。机や台，家具などにつかまり立ちをする。

11～12か月頃　つかまり立ちから伝い歩きや，膝を伸ばした高ばいもみられるようになる。やがて，高ばいの姿勢から，その場でゆっくりと立ち上がれるようになる。

〔微細運動の発達〕

6か月頃　両手で物を持つことができるようになる。

7か月頃　手に持っていたおもちゃをもう一方の手に持ち替えて遊ぶようになる。

8か月頃　両手に持った物を打ち合わせて遊んだり，容器の中の物をつかんで次々に出すなど，探索活動がさかんになり，目が離せなくなる。周囲のいろいろな物への働きかけにより，物と物との関係性や性質を感じとっているのである。またこの頃には，目の前の物に対して好奇心をもち，ひとりで座れるようになり自由になった両手を使い，手を伸ばして遊ぶ姿がみられるようになる。

11か月頃　指先を使って，小さい物をつまむ尖指対向操作ができるようになる。小さな物をつまんで器に入れたり，出したりする遊びを好んで行うようになる。

(2) 発育・発達の特徴に応じた保育内容・方法

　0歳児の発育・発達は，身体の発育，聴覚・触覚などの感覚や，座る，はう，歩く等の運動発達が著しく，食や睡眠などの生活リズムも大きく変化していく。そして，その発育・発達は，個人差が大きい。よって，睡眠，授乳や離乳食，排泄，遊びなどの生活習慣とそのリズムづくりについて，現在の一人ひとりの月齢や発達段階，個性，健康状態などの実態に合わせて，必要な援助および保育をていねいに行うことが求められる。

　また，0歳児は，特定の大人との応答的な関わりを通して，情緒的な絆が形成されていくといった特徴がある。乳児クラスの人員配置は，0歳児3人に対して保育士1人以上となっていることから，複数の保育者が同じクラスを担当する複数担任制をとる場合が多い。さらに，多くの保育の場では，保育者がそれぞれ特定の乳児を担当する担当制保育を行っており，個々の保育計画や生活や遊びの援助，保育記録の作成，保護者への対応などは，おもに担当の子どもについて行う。

　このようにして，乳児が特定の保育者との愛着を形成することを促し，情緒的な絆と信頼関係を築くことや乳児の情緒の安定を図ることができるように配慮している。しかし，担当が決まっていても，保育の状況や各保育者の状況に合わせて，臨機応変に対応し，子どもが安心して過ごせるよう，他の保育者と協力しながら保育がスムーズに進むように配慮することも大切である。

3 生活と環境，保育者の援助

　0歳児前半は，愛着関係が形成される時期であることから，特定の保育者が援助を行うようにする。食事や排泄，衣服の着脱などの援助をするときには，必ずこれからする行為

を言葉にして伝えていくようにすることが大切である。この時期の大人との関わりが，情緒の安定や今後の心身の発達の基盤となることから，ていねいに関わっていくことが大事である。

　0歳児クラスの子どもたちは，月齢差と個人差が大きい。また，その生活は，固定的ではなく，流動的で，日々変わっていく。よって，デイリープログラムは，0歳児クラスというまとまりにしていっしょに保育をするのではなく，月齢差や個人差を配慮したゆるやかなものとし，一人ひとりの子どものニーズに応じて，保育者が臨機応変に対応していくようにすることが望ましい。そのため，入園前には，乳児の発達状況や睡眠，授乳や食事，排泄の状況，生活リズム等を確認するため，保護者にアンケート調査や面接などを行う。それで得た情報により，乳児の円滑な受け入れができ，今後の保育に生かしていくことができる。一人ひとりの子どもの発達過程やその連続性を踏まえながら，保育を進めていくことが大切であり，特に，子どもの発育状況や健康状態を個々にきめ細かく把握するとともに，すべての保育者が応答的に関わり，欲求を満たすように心がける。

(1) 睡眠の環境および保育者の援助

　たびたび眠る状態から，3～4か月頃には，午前寝と午睡として4～5時間，夜間には10時間ほどの睡眠をとるようになり，日中，機嫌よく目覚めている時間が長くなっていく。この頃の睡眠のリズムや睡眠時間は，個々に異なるため，クラスで睡眠の時間を固定するのではなく，一人ひとりの状況に応じて，睡眠をとるようにすることが大事である。また，身体機能が未熟なため病気にかかりやすく，容体が急変することも多いため，0歳児の担当保育者は，睡眠中も顔色や呼吸，溢乳や嘔吐の有無の確認などを定期的に観察する。特に，乳児にみられるSIDS（乳幼児突然死症候群，第7章第1節参照）について，仰向けに寝かせたり，睡眠チェック表などを使用して，予防に努めなければならない。よって，ベッドは保育者が目の届く場所に置き，布団や毛布なども清潔に保つことを心がけるとともに，窒息事故を防ぐために，敷き布団のマットレスのかたさにも配慮する。

　0歳児後半頃になると，睡眠のリズムが一定になり，生活の見通しがつけやすくなる。10～11か月頃になってくると次第に午前寝は少なくなり，1歳前後から夜間と午睡1回だけの睡眠になる子どもも出てくる。早寝早起きの好ましい睡眠のリズムが身につくように，家庭と連携していく必要がある。

　その他，日中はテラスで遊んだり，散歩に行ったり，室内でも日あたりのよい場所で少しの時間，日光を浴びるようにすることも，質のよい睡眠につながる。

　保育の場での睡眠が質のよいものとなるよう，室内を少し暗くする，オルゴール等のやさしい音楽をかけるなど，落ち着ける環境づくりを心がける。また，季節により室温や換気，騒音にも留意し，常に快適な環境にすることが大切である。低月齢児は，頻繁に眠ることから，ハイハイをしたり，おもちゃで遊んだりしている高月齢児がいても，安心して眠れるよう，ベビーベッドを使用するなどの工夫をする。

(2) 授乳と食事（離乳食）の環境および保育者の援助

　生後3か月を過ぎる頃には，睡眠と目覚めの区別が明確になり，1回の哺乳量が増えるとともに，授乳間隔が空いて一定になってきて，生活リズムも少しずつ整ってくる。

　授乳は，必ず抱いて飲ませるようにし，横抱きが原則である。哺乳瓶やミルクは，家庭でも園でも，できるだけ同じものにするとよい。湯冷ましを用意して，水分の補給も十分に行っていくようにする。母乳の冷凍パック使用の申し出があった際には，できるだけ対応できるよう，園での条件を考慮し，保育者はその扱い方に習熟しておく必要がある。

　授乳後は，乳児を縦抱きにし，乳児の背中を軽くトントンとたたいたり，下から上に向かってさすりあげたりして，排気（げっぷ）を促すようにする。排気が十分にできていないと，睡眠中に溢乳・吐乳することがあるため，注意を払わなくてはならない。

　個々の状況に応じて授乳を行い，離乳食を進めていく中で，さまざまな食品に少しずつ慣れ，食べることを楽しむように配慮していく。離乳食は，2019（平成31）年3月に厚生労働省が改定を発表した「授乳・離乳の支援ガイド」の「離乳の進め方の目安」を参考にしながら進めるとよい（第11章第2節参照）。しかし，個人差が大きい時期でもあるため，あくまでも目安とし，季節や家庭状況，体調をみながら，無理をせず根気よく進め，食の楽しさを味わえるように配慮することが大切である。

　また，離乳食を進めるには，保護者との連携が必要である。保護者が離乳に無関心だったり離乳を急ぎすぎたりすることがあるが，この時期の食事は，1歳以降の食生活にも影響してくるため，栄養士とも相談し，慎重かつ計画的に進める必要がある。

　離乳食は，5～6か月頃から開始し，初期，中期，後期，完了期と，段階的に実施していく。野菜スープや果汁など，ミルク以外の味を体験させることから始め，5～6か月頃には，ドロドロのつぶし粥を1日1回，スプーン1さじから食べ始めるように計画していく。食品の数を増やすときは，1さじから始め，様子を見て進めていく。大人がスプーンを使って，乳児の口に運ぶようにするが，大人のペースではなく，下唇の上にスプーンをあて，乳児が上唇で食物を取り込んで食べるようにしていくことが大事である。そして，飲み込んだことを確認してから口に運ぶようにして，乳児がみずから食べようとする意欲や行動を大切に見守るようにすることが大事である。

　また，食べさせるときには，「おいしい○○よ」，「○○食べよう」と，これから食べるものを知らせたり，「おいしいね」，「カミカミしてよ」など話しかけたりするようにし，楽しい食事の雰囲気をつくるようにしていく。

　7～8か月頃には，舌でつぶせるかたさの物を食べるようにしていく。9～11か月頃には，離乳食を3回食べるようになり，手づかみで食べるなど自分で食べる意欲がみられるようになる。他児の顔が見える位置に座り，楽しい雰囲気の中で食事ができるようにする。こぼすことも多いため，下にシートを敷くなどしておくとよい。

(3) 排泄，衣服の着脱と環境および保育者の援助

　排尿は3か月頃，排便は5～6か月頃までは反射によって行われる。その後，神経系の

発達により，膀胱に貯まる尿量が増していき，12か月頃になると尿意や便意を自覚するようになる。排便回数や性状には個体差があるが，授乳の時期は回数が多く，水様便に近い。離乳食が始まると，次第に軟便から固形便となって，排便回数も減少していく。

おむつ交換は，交換台や交換マットを定位置に置いて，乳児がおむつ交換をすることを意識できるようにしていく。ロッカーは，保育者の効率のよい動線を考慮して，交換台や交換マットの近くに設置するとよい。交換途中で子どもから離れることがないように，新しいおむつやおしり拭き，着替え，使用していたおむつを入れる袋など，必要なものはすべて交換場所に準備しておく。

排尿と排泄の回数や性状は，乳児の健康状態を把握する指標となる。おむつを交換する際には，機嫌や食欲，顔色などの状態などとともに注意深く観察するようにし，気になる場合は看護師に知らせて様子をみたり，お迎えの際に保護者に伝えたりして，早めに対応していくようにする。さまざまな病気の感染を防ぐために，保育者はひとりのおむつ交換が終わるごとに，手洗いをしっかり行うことが大切である。

排泄の自立には，発育・発達による個人差もあるため，大人がそれを無視して早くトイレットトレーニングを始めても，自立が早まることはない。保護者と連携しながら，個々の子どもの状態に合わせて働きかけをしていく。

おむつの交換や着替えの際には，「おむつ替えようね」，「きれいにしようね」などと必ず声をかけてから誘うようにし，交換時もやさしく言葉がけをしながらスキンシップを図ることで，0歳児に安心感や信頼感をもたらすようにする。交換後には，「気持ちいいね」，「さっぱりしたね」と，快適さを言葉で表現していくようにする。

乳児は，おむつ交換や食後の服の汚れ，睡眠前後の着替え，またよく汗をかくことから，衣服を着脱する機会が多くなる。着替え中に，腕に無理な力がかかったり，顔に服が擦れたりしないように気をつけ，「ズボン脱ごうね」，「お顔が出てくるよ」など，やさしく声をかけながら着替えをしていくようにすることが大切である。

このように，排泄や衣服の着脱の場面でも，養護と教育を一体的に行うのである。

(4) 清潔な環境および保育者の援助 （第11章第3節参照）

沐浴や清拭は，乳児に無理のないよう，手早くすませるようにする。

食後に服が汚れたまま，濡れたままにせず，個々の排泄の間隔に合わせて，定期的におむつを替えるようにし，清潔になることの心地よさを感じられるようにしていく。

おもちゃや絵本，机，ベッド等，子どもがふれる物はすべて清潔にし，必要があれば消毒もする。特に，床や畳，カーペットの清潔にも心がける必要がある。

日頃から，保育室を清潔に保つことは当然だが，季節により室温や湿度，明るさ，風通しなどについても十分に配慮し，過ごしやすい環境を整えることが求められる。

(5) 保育室の環境

乳児は，熱産生が少なく，脂肪も少ないため熱が失われやすい。また，放熱も未熟であ

ることから、体温調整能力も弱く不安定で、快適温度の範囲も狭いため、保育者は子どもの健康状態を細かく観察しながら、必要な保育室の環境条件を整えなければならない。そのため、四季を通じて、室温、湿度、換気の調整が必要となる。室内の採光や照明が十分で、自然光線が入るようにし、日差しが強い場合は、カーテンで調節して、換気は定期的に行うようにする（詳細は第11章第3節参照）。

睡眠、授乳（食事）、排泄、衣服の着脱などは、それぞれ行う場所を決め、できるだけいつも同じ場所で行うようにし、子どもが安心し、落ち着いて生活できるよう配慮する。

4 遊びと環境、保育者の援助

(1) 発達と保育者による遊びの援助

みずからの目・耳・口・手などの感覚器官を通して、外界からの刺激を取り入れるようになる。動くおもちゃを追視したり、音の出るおもちゃを手で振って、音を聞くことを楽しんだり、口に入れてなめたりしながら、外界への関心を広げていく。保育者は、言葉がけをしながら気持ちを通い合わせ、信頼感関係を築いていくことが重要になる。

乳児が目を覚ましているときには、抱いて話しかけることにより、人に対する関心や関わりを喜び、おもちゃを見たり触ったりできるようにすることで、周囲の物に興味をもてるようにしていく。また、目や耳、口、手、鼻などの感覚器官を通して五感を感じることで、乳児には、「見たい」、「ふれたい」という気持ちが芽生えてくる。動くおもちゃを追視したり、音の出るおもちゃを振って音を聞いたり、口に入れてなめたりしながら外界への関心を広げていく。

表4-2のように、乳児の発達の実態に合わせて、いろいろな遊び方ができるように、ラックに座ったり、腹ばいになったり、支えてもらって座る等、保育者に姿勢を変えてもらいながら気分を変えて遊びを広げていく。機嫌よく楽しく遊ぶことで、新しい姿勢や動き

表4-2 乳児期の発達と遊び

月齢	乳児の発達と遊び
2～3か月	人や物への注視や追視とともに、あやすとほほえみ、声を出し始める。
4～6か月	いつもあやしてくれる大人にほほえみかけ、「アーアー」、「ウーウー」と話す。目の前にあるおもちゃに手が出たり、つかんだり、振ってなめたりする。
6か月頃から	転がるおもちゃに興味をもち始める。
7～9か月	ハイハイやおすわりができ、乳児がみずから移動して、ほしいおもちゃをつかんだり持ち替えたりする。 物を引っ張り出したり、入れたりと、物との関わりがさかんになる。
9か月頃から	引っ張り出すおもちゃ、ポトン落としを楽しむ。
10～12か月	大人にぐっと気持ちを寄せてきて、大人のしぐさや音声のまねができるようになり、人とのやりとりが楽しくなる。

を獲得していくようにする。

(2) 大人と向かい合っての楽しいあやし遊びや関わり体験の確保

　いろいろな体験を保育者に見守ってもらいながら，また，言葉がけをしてもらいながら安心して遊びを楽しめるようにしていく。「なんだろう，してみたい」と，興味や意欲を引き出すような楽しい遊びの工夫や，保育者もいっしょに歌ったり遊んだりして，楽しい雰囲気づくりをすることを大切にしたい。また，抱っこをたくさんしてあげることはスキンシップとなり，子どもとの絆も深まる。

　大好きな大人に気持ちを寄せていく中で，ボールのやりとりやハイハイでの追いかけっこ等の共感的な遊びをするなど，大人との関わりを楽しむようになる。大人との共同活動を通して，子どもは大人のしていることに興味をもち始め，まねするようになる。

　楽しい大人との関わり体験が，その後の発達の基礎を培っていくことにつながる。

1) 2～3か月頃

　あやしてくれる大人の目を見つめたり，あやされて手足を動かしながらほほえむ姿がみられる。これは，「大人と関わるのが楽しい」という社会的な笑いであり，コミュニケーション活動の基礎となる。

2) 4～6か月頃

　大人が目を合わせながら笑顔であやすと，手足を活発に動かしたり，声を出して笑ったりして，みずから大人にほほえみかける姿もみられるようになる。発声も豊かになり，「アーアー」，「ウーウー」などと喃語を発するようになる。全身運動の発達や言語獲得の基礎が築かれていく大切な時期である。保育者は子どものその時の思いを瞬時に読み取り，「○○ね」，「○○○だね」等と応対するようにしていき，大人に遊んでもらうことを楽しみ，期待する気持ちを育てたいものである。また，転がるおもちゃなど，動きのあるものに興味を示すようになるのも，この時期である。

3) 7～9か月頃

　寝返りやおすわり，ハイハイ等，自力で活発に移動するようになる。行動範囲が広がり，探索活動がさかんになり，引き出しの中の物を「引っ張り出す，もとに戻す」の動作を繰り返すなど，物との関わりがさかんになってくる。わざとスプーンやおもちゃをポトンと下に落とす動作を繰り返すなど，気に入ったことは何度も繰り返して遊ぶようになる。

　食事の場面でひとりの子どもがコップでトントンと机をたたくと，ほかの子どもたちも顔を見合わせて笑いながらまねし始め，同じことをして楽しさを共感し合う姿もみられるようになる。他児への関心の芽生えである。生活や遊びの中で，子ども同士が関わっている場面を大切にしたい。

4) 10～12か月頃

　10か月前後の乳児は，大人からの関わりを期待し，大好きな保育者に気持ちを寄せていく。大人が繰り返す楽しい動作（おててパチパチ，こんにちは，ちょうだい・どうぞ・ありがとう，ハイハイ等）や音のまねができるようになる。大人とやりとりをする遊び

> ### 乳児期に適したおもちゃ
>
> 　はじめは追視により，オルゴールメリーやモビールなど，音が出る物やカラフルな色の物，動く物を目で追う。自分の手を使ってさわろうとする頃には，おしゃぶり，タオル地のぬいぐるみ，ガラガラ，転がって音が出るおもちゃなど，多様な感触や質感の物にふれることを楽しむ等，乳児の五感を刺激し，感覚の働きが豊かになるような物が適している。色彩や音色，形状，感触などに配慮され，安全性の高いおもちゃを乳児の月齢や発達に合わせて用意し，大人との関わりの中で，見る物，聞く物，ふれる物が心地よく楽しい物となるようにしていく。

は，話し言葉の獲得にもつながる。

　この頃は，大人が子どもに絵本を楽しく読み聞かせ，絵本の楽しさを伝えるとよい。絵本をとおして，身近な物に興味をもったり，言葉のリズムを楽しんだり，イメージをふくらませたりする。

(3) 安全な遊び環境の確保

　0歳児クラスは，一人ひとりに合わせた生活リズムを大事にした保育を行うことから，保育室の環境づくりは，子どもの発達状況や生活リズムにふさわしい空間づくりが必要となる。毎日，しっかり睡眠がとれるような空間を確保しつつ，目覚めている子どもは，ベッドの中で，そしてベッドから降りていろいろな活動をするようにしていく。部屋の明るさや空気の流れ，吊り下げおもちゃなどの工夫，おもちゃの整理棚，おむつの交換台，着替え・おむつ入れ等の配置も大切である。また，つかまり立ちや伝い歩きをし始める子どもたちもいるため，角が丸くなっている家具を選んだり，クッション材をあてたりしたうえで，倒れないように壁にしっかり固定することが必要である。

　ハイハイをして自分で移動ができるようになると，周りにある物に興味を示したうえで，探索活動が活発になってくるため，できるだけ広く，清潔で安全に配慮した魅力のある環境を確保することが大切である。また，子どもの目に入りやすい所に，触ってみたくなるようなおもちゃを置いたり，感触が異なるおもちゃや振ると音の出るもの，ボール・布などを出し入れできるおもちゃなどを壁かけのスタイルで配置する。子どもが興味・関心を示し，ふれたり動かすことで反応のある応答的なおもちゃを用意するとよい。

　歩行する子どもが多くなった際には，園庭や散歩に出やすい動線を工夫する。帽子をとりに行ってかぶる，靴を履く等の行為が行い

おもちゃ棚

やすいように，保育室の環境も変化させていく。はじめは，保育者が手伝い，次第に子どもがひとりでできるよう，棚などをわかりやすく配置することが大切である。

■引用文献
1）守隨　香ほか編著：やさしい乳児保育，青踏社，p.55，2018
■参考文献
・厚生労働省：保育所保育指針解説，2018
・厚生労働省社会保障審議会児童部会保育専門委員会：保育所保育指針の改定に関する議論のとりまとめ，p.18，2016
・汐見稔幸・無藤　隆監修：平成30年施行保育所保育指針 幼稚園教育要領 幼保連携型認定こども園教育・保育要領解説とポイント，ミネルヴァ書房，2018

写真提供：社会福祉法人心育会　さつきこども園

第5章

1歳児の発達と保育

1　1歳児の保育のポイント

　1歳頃になると，大半の子どもが「つかまり立ち」から「伝い歩き」をするようになり，徐々に自立歩行が可能となる。行動範囲が広がり，興味・関心をもったものに自発的に関わる姿がみられ，探索活動が活発になる。言葉も話すようになり，一語文から二語文へと言葉で思いを伝えられるようになる。

　1歳児の保育では，自発的で探索意欲がさかんな1歳児の発達特性を十分に理解し，子どもが主体的に，安心して活動できる環境を整えることが大切である。月齢や個人差に配慮するとともに，家庭環境による経験の違いも考慮しながら，保育活動全体をとおして育んでいくことが重要となる。

(1) 基本的な生活習慣

　1歳になると，手を使ってできることが増え，身の回りのことを自分でしようとする姿がみられる（知識及び技能の基礎）。衣服の着脱を自分でしようとしたり，おまるで排泄しようとしたりする。食事・排泄・睡眠の生活リズムを整え，健康に留意した安全な環境の中で，自分でやってみようという意欲（学びに向かう力，人間性等）を育んでいくことが必要である。また，排泄や手洗いなどをとおして，きれいになった心地よさを実感し，清潔に対する習慣（知識及び技能の基礎）を身につけることができるよう援助していくことも大切である。

(2) 安定した情緒

1歳児は，生活や遊びのさまざまな場面で，周りの人や物に興味・関心をもち（思考力，判断力，表現力等の基礎），主体的に関わっていこうとする。生活や遊びのさまざまな場面で，「自分でやりたい」という気持ちが高まるが，その一方で，「ひとりでできない」ことも多くあり，保育者の援助を必要としながら「できた」という達成感や自信（学びに向かう力，人間性等）をもてるようにすることが大切である。一人ひとりの甘えや欲求を十分に満たし，安心した環境の中で，安定した情緒（学びに向かう力，人間性等）を育むことが必要である。

(3) 言葉の習得，言葉による伝え合い

1歳前後になると，「ママ」，「マンマ」，「ワンワン」，「ブーブー」などの一語文が現れ，1歳半から2歳頃に，「ママ，ネンネ」，「マンマ，ナイ」，「ワンワン，イタ」といった二語文へと発達する（知識及び技能の基礎）。自分の意思を周りの大人や友だちに伝えたいという欲求も高まる（学びに向かう力，人間性等）。指さし，身振りなども使いながら，自分の思いを言葉で伝えようとし（思考力，判断力，表現力等の基礎），自己主張もみられるようになる。保育者が子どもの思いを読み取り，応答的に関わることで，子どもは言葉のやりとりの楽しさ，身近な人と気持ちを通わせることの喜び（学びに向かう力，人間性等）を育むことができるのである。

(4) 身近な環境への興味・関心

1歳児は，歩行の確立とともに，行動範囲が広がり，自分の周りの環境に活発に働きかけるようになる（学びに向かう力，人間性等）。歩けるようになると手も自由になり，身近な事物に興味や関心をもち，見たり，聞いたり，ふれたりしながら，事物の性質やしくみ，事象のおもしろさや不思議さに気づいていく（思考力，判断力，表現力等の基礎）。保育者が一人ひとりの興味・関心があるものに目を向け，子どもの活動にじっくりとつき合い，子ども自身が思考錯誤したり，気づいたりする過程（思考力，判断力，表現力等の基礎）を共有し，育んでいくことが求められる。

また，1歳児は，周りの身近な大人や友だちがやっていることにも興味や関心を示し，保育者や友だちと関わりながら遊ぶ姿がみられるようになる。保育者と安定した信頼関係を築き，友だちと安心して関わる楽しさ（学びに向かう力，人間性等）を育むことができるよう環境を整えたい。

お散歩　枯葉を踏みしめて

表5-1　1歳児の発達の姿

	運動機能	言語・認識	人間関係
1歳 0か月	・伝い歩きをする ・なぐり描きをする ・歩き始める	・片言が盛んになる ・簡単な一語文が出る ・自分の物がわかる	・指さしが多くなる ・大人のまねをして片づける ・笑ったり泣いたりして，感情を表す
1歳 6か月	・しゃがむ ・小走りをする ・スプーン使いが上手になる ・手をついて階段を上る	・したいことやしてほしいことをしぐさや簡単な言葉で伝える ・絵本や紙芝居に興味をもつ ・二語文が出る	・してほしいことを動作で伝える ・一人遊びをする ・思い通りにならないとだだをこねる
1歳 12か月	・上着やズボンを脱ぐ	・大人との簡単な言葉がけで，動こうとする ・ちぎる，破くなど，手先を使って遊ぶ	・友達と手をつなぐ ・名前を呼ばれると返事をする ・簡単な挨拶をする

出典）役立つ！書ける！1歳児の指導計画，チャイルド本社，2018，p.25 より一部抜粋

発達の特徴と保育内容・方法

　保育所保育指針には，「1歳以上3歳未満児の保育に関わるねらい及び内容」が，5つの領域（健康，人間関係，環境，言葉，表現）から示されている。この5つの領域の保育内容は，0歳児の保育における3つの視点「健やかに伸び伸びと育つ」，「身近な人と気持ちが通じ合う」，「身近なものと関わり感性が育つ」と連続性をもちながら，考えていく必要がある（第2章第4節参照）。

　1歳児は，身の回りのさまざまなことを「自分でしようとする」時期に入る。保育者は子どもの発達過程をよく理解し，子どもの思いをくみ取りながら保育内容を考え，援助していく。

(1) 健康　心身の健康

　「立つ」→「伝い歩き」→「歩行の確立」へと運動機能が発達する1歳児は，生活空間が広がり，探索活動が活発になる。おおむね1歳3か月頃までに自立歩行ができ，1歳6か月頃には，しゃがんだり，手をついて階段を上ったりすることができるようになる。また，手指の機能が発達し，保育者に手伝ってもらいながら上着やズボンを脱いだり，スプーンやフォークを使ってこぼしながらも食事ができるようになる。保育者は子どもの興味や関心に目を向けて，子どもが伸び伸びと活動できるように環境や関わりを工夫するとよい。

日常生活に必要な基本的生活習慣（食事，排泄，睡眠，着脱衣，清潔）の形成は，生理的な安定をもたらし，心身の健康を保つうえできわめて重要である。食事・排泄・睡眠などの生活リズムを整えて，1日の中で活動と休息をバランスよくとる。1歳になると，簡単な身の回りのことを少しずつ自分でしようとする。保育者は，多少時間がかかっても，子どもの自分でしようとする気持ちを大切にし，励ましながら自分でできたことを認め，さりげなく援助する。

　生える歯の数には個人差があるが，1歳頃までに上下の前歯（乳中切歯・乳側切歯）4本ずつが生えそろい，1歳半頃に奥歯（第1乳臼歯）4本が生える。2歳頃までに16本程度まで歯が増え，食事やおやつの与え方が重要になってくる。

　食事は，1日3回の食事と1～2回のおやつをゆったりとした雰囲気の中でとるようにし，食べることの喜びや楽しみを味わえるようにする。一人ひとりの食事の量や好み，咀嚼機能の発達を把握し，いろいろな食材を食べられるようにする。かむ力を養うために，形やかたさを変えたり，よくかんで食べるよう言葉がけをしたり，主食，汁物，おかずをバランスよく食べることができるよう援助する。

　排泄機能は，神経系の発達と関係がある。尿が膀胱にたまると，脊髄神経から脳へ尿意が伝達されるが，乳児期は大脳が未発達であるため，抑制が働かず反射的に排尿される（図5-1）。1歳頃になると，神経系統や大脳が徐々に発達し，尿意を感じて前を押さえるなどのしぐさを示す子どももいる。1歳半～2歳頃にかけて膀胱の容量はかなり大きくなり，排尿の間隔も2時間程度となる。言葉を覚えて，尿がたまったことを知らせることができるようになる子どももいる。一人ひとりの排尿の間隔やタイミングを踏まえて，やさしく言葉をかけておまるやトイレに誘い，排泄することに慣れるようにする。排泄の場面では，「自分でできた」という自信や意欲を育みたい。

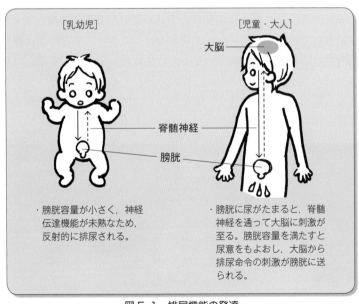

図5-1　排尿機能の発達

(2) 人間関係　人との関わり

　乳児期は人間関係の基礎を培う時期であり，特定の大人との関係が重要な意味をもつ。言語の獲得過程にある子どもは，自分の思いを表情や身振りで伝えてくる。一人ひとりに保育者が的確に応答することで，安定した愛着関係を形成することができる。

　1歳児は，自我の芽生えとともに，自己主張することも多くなる。自分の欲求を受け止めてもらえる経験をとおして，人と関わる心地よさを感じ，他者の思いも受け入れられるようになってくる。保育者や友だちへの興味・関心が高まり，関わりをもって遊ぶようになるが，子ども同士の関わりでは，自分の思いを言葉で十分に伝えることができず，かみついたり，ひっかいたり，物を投げたりしてトラブルになることもある。この時期においては，自分の思いどおりにならないことがあることを知り，さまざまな感情を経験することも大切なことである。保育者は互いの子どもの気持ちを受け止め，子どもの思いを言葉で代弁しながら，子ども同士のやりとりを仲立ちしていかねばならない。

　子どもは「自分でやりたい」という気持ちを保育者に受け止められ，ひとりでやってみることで，達成感や自信をもつことができる。うまくできなかった場合でも，保育者に肯定され見守られながら，何度も挑戦し，できるようになる経験は，自分への信頼を育み，次の意欲につながっていく。主体性や自発性を発揮しながら活動できる環境を整え，子どもの自尊心を育てていくことが必要である。

(3) 環境　身近な環境との関わり

　1歳になると，興味や関心のあるものに活発に働きかけ，身近な人や身の回りの物に自発的に関わる姿がみられるようになる。運動機能が発達し，歩いたり，小走りをして追いかけっこを楽しんだり，台を登ったり降りたりするなど，全身を使って活動できるようになる。手指の機能も発達し，初めは内側に力を込めていた5本の指は，まず親指と他の4本の指が向かい合った状態（拇指対向）で使えるようになり，さらには親指と人さし指でつまむ（尖指対向）ことができるようになる。行動範囲が広がることで，いろいろな場所に歩いていき，見たりふれたり，さかんに探索活動をするようになる。子どもが安全な環境の中で，見る，聞く，ふれる，嗅ぐ，味わうなどの感覚を働かせながら，安心して活動ができるように，保育内容を考える。

絵本に興味を示す

この時期の子どもは，認知機能の発達によって，言葉を話すようになり，自分の思いを相手に伝えることができるようになってくる。象徴機能（第15章第1節参照）が発達し，身近なものを何かに見立てて遊ぶ「見立て遊び」をするようにもなる。例えば，積み木を自動車に見立てて動かして遊ぶなど，保育者といっしょに言葉を交わしながら，簡単な「ごっこ遊び」を楽しむことができるようになる。一人ひとりの興味や関心のあるものに目を向けながら，子どもが主体的に楽しく遊ぶことができるように，身の回りの環境を考えなければならない。

(4) 言葉　言語の獲得

　言葉はコミュニケーションの手段であり，自分の気持ちを相手に伝えたいという思いと，その思いを受け止めてもらえる身近な人の存在があることで発達が促される。1歳頃になると，「ママ」，「マンマ」，「ワンワン」，「ブーブー」など身近な人，動物，乗り物などを表す意味のある一語文が現れる。この時期の子どもは，片言や身振り，手振り，表情などで，身近な大人に自分の思いや欲求を伝えようとする。「ママ」という一語文の中には，「ママ，キテ」，「ママ，ネムイ」，「ママ，オナカスイタ」など，子どものさまざまな思いが含まれていることを受け止めていく必要がある。保育者は，その時その時の子どもの思いをくみとり，応答的に関わっていくことが大切である。

砂場でおままごと

　1歳半から2歳頃になると，語彙量が増加し，「マンマ，ナイ」，「ワンワン，イタ」といった二語文へと発達する。子どもの「話したい」，「聞いてほしい」という意欲を育て，子どもが人と言葉を交わす楽しさや，言葉を発することで相手に受け止めてもらえるという安心感を得られるように，援助していく。

　この時期は，前項でも述べたように，象徴機能が発達し，言葉を使いながら「見立て遊び」や「ごっこ遊び」ができるようになる。自分－物－人との三項関係（図5-2，第15章第1節参照）が成立し，絵本や紙芝居に出てくる絵を指さしながら，いろいろな言葉を覚えていく時期でもある。例えば，犬や車の絵を指さしながら「ワンワン」，「ブーブー」と一語文で表現する子どもに，保育者が同時にその絵に注意を向けて（共同注意），「ワンワンだね，かわいいね」，「ブーブー，かっこいいね」など，言葉を補いながら読み進めることで，子どもの言葉は豊かになっていく。さまざまな場面で，保育者が子どもの言葉に応答し，話しかけることにより，子どもはみずから発語しようとする。身近な人と気持ちを通わせることの喜びを育んでいくことができるよう，楽しい雰囲気の中で，言葉のやりとりをしていく。

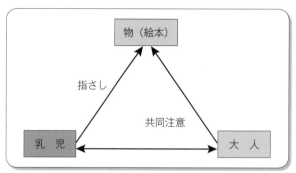

図5-2　絵本を介した三項関係の成立

(5) 表現　感性と表現

　1歳児は、運動機能が発達し行動範囲が広がる中で、見たり、聞いたり、ふれたりする物に興味や関心をもつようになる。また、象徴機能が発達し、人や物との関わりをとおして、「見立て遊び」や「ごっこ遊び」を楽しみ、表現活動がさかんになる。子どもの感性を育み、表現する力の基礎となるのは、五感を使ったさまざまな活動である。水・砂・土・粘土・紙などは、子どもが自由に動かし、変化させながら、遊びをつくり出すことができる素材で、発見や驚き、喜びや感動をもたらす。子どもがさまざまな素材と出会い、自分なりの表現活動ができるよう環境を整える。

　また、1歳児は、歌ったり、手遊びをとおして、保育者とのやりとりを楽しんだり、音楽やリズムに合わせて身体を動かすことも好むようになる。情緒が安定する心地よい音やわらべうた、簡単な手遊びなどをとおして、自分の身体を動かす楽しさや表現する喜び、保育者や友だちと心を通わせる経験を重ねていくことが重要である。

3　生活と環境，保育者の援助

　1歳児の保育では、0歳児からの愛着関係を土台として、一人ひとりの子どもの生活リズムを考慮した環境を整える。子どもが安定した情緒のもとで生活するためには、一人ひとりの体調に合わせて運動量を確保し、適切な水分・休息をとり、快適に過ごせるようにすることが必要である。ひとり遊びが十分に保障される空間の確保や、活発な探索活動が可能となる環境が望まれる。

　一方で、運動機能が発達し、生活空間が広がることから、感染症や安全・衛生面に十分に留意して保育を行わなければならない。基本的な生活習慣（食事、排泄、睡眠、衣服の着脱、清潔）の基礎を培う大切な時期であ

自分で飲みたい!!

り,「自分でやりたい」,「自分でできる」という気持ちを育てながら,一人ひとりの発達に応じて保育者が適切に関わる。

遊びと環境, 保育者の援助

　遊びには,子どもの発達を促すさまざまな要素がある。「つかまり立ち」から「伝い歩き」ができるようになる1歳児は,目の前の視野が広くなり,生活する世界がぐんと広がる。やがて「自立歩行」ができるようになると,探索活動がさかんになり,「自分でやりたい」という意欲がさらに強くなる。保育者は,子どもの興味や関心に合わせて遊びの内容を工夫し,子どもの発達を援助していかなければならない。

　1歳児は,「食事・排泄・睡眠」の生活リズムが整い,安定した情緒のもとで,遊びの内容も充実してくる。この時期は,発達の個人差や家庭での経験を踏まえて,一人ひとりの子どもの興味や関心を把握し,環境を用意する。

　この時期の子どもには,ひとり遊び,または少人数で楽しんで遊ぶ姿がみられる。自我が発達し,「自分の物」という所有意識が強くなる一方で,言葉のやりとりがまだ十分に成立していないため,子ども同士の関わりでは,自分の思いをうまく伝えることができず,かみついたり,ひっかいたり,物をとり合う場面がよくある。この場合,保育者が子どもの仲立ちになり,一人ひとりの遊びが充実するよう配慮していく。1歳児クラスにおいては,落ち着いてひとり遊びを楽しめるように,空間を確保したり,おもちゃの量を多めに用意したりして,安全面にも十分に配慮しながら遊びの環境を整える必要がある。

(1) 手や指先を使った遊び

　1歳になると,手指が器用になり,親指と人さし指を使って小さな物をつまんだり,指先を使って紙を破ったり,積木を積み重ねたりすることができるようになる。ねじったり,ひっぱったり,指でボタンを押したりなども上手にできるようになる。ミニカーを手で動かしながら,ひとりで遊びを楽しんだり,落ち着いて椅子に座り,手をぐるぐる動かしながらクレヨンでなぐり描きをしたりする姿もみられる。口に入れても安全な素材を用いて,子どもが手や指先を使って自由に遊ぶことができる環境を準備するようにする。

(2) 身体を使った遊び

　自力歩行ができるようになると,押し車やひもで引っ張るおもちゃ,乗って遊ぶ車などを喜ぶようになる。ボールはもっとも関心を示す物のひとつで,両手でボールをつかんで転がしたり,投げたり,全身を使って遊ぶ楽しさを経験するようになる。緩やかな勾配のある滑り台やマットを敷いたとび箱を1～2段準備すると,手足をバランスよく動かしながら登ったり降りたりすることを楽しむ。「追う・逃げる」だけの簡単な鬼ごっこやかく

れんぽなど，保育者と気持ちを通わせながら遊ぶことも楽しい。安全面に十分注意しながら，保育者が子どもの活動を見守り，子どもが充実感を味わえるよう援助する。

(3) 視聴覚教材（絵本，紙芝居など）を使った遊び

　1歳になると，絵本や紙芝居を喜んで見たり聞いたりするようになる。これらの視聴覚教材を読み聞かせすることで，保育者とふれ合ったり，身近な事象に興味・関心を深めたりすることは，保育の大切なねらいとなる。この時期の子どもは，韻やリズム，繰り返しのおもしろさを感じることができる絵本を楽しむ。絵本の中の興味のある絵を指さして簡単な単語を話したり，絵本の中の言葉をまねしてみたりすることで，言葉の発達が促される。子どもの反応にていねいに応じ，保育者や友だちといっしょに言葉のやりとりを楽しみながら，考えたり想像したりする力も育てていきたい。

(4) 表現（造形）遊び

　砂・土・水・草などの自然物は，応答性の高い素材であり，子どもの表現活動を豊かにする。水はもっとも応答性が高く，触ると「ぴちゃっ」と音がしたり，小石を投げると水面に波紋が広がったり，砂に混ぜることで泥になったりする。1歳児では，水を怖がる子どももいるが，水たまりの水を触ったり，じょうろを使って水の出る様子を見たり，手や足に水をかけたりして遊ぶことができる。

　自然物を使った造形遊びでは，野菜を使ったスタンプも楽しめる。だいこんやにんじんなどを型押しで切り抜き，水彩絵の具でスタンピングをし，さまざまな模様をつくることができる。不思議な形やおもしろい形ができれば，保育者がいっしょに共鳴しながら遊ぶことで，子どもの感性が広がる。絵の具の指スタンプ，手形スタンプや小麦粉粘土などは，感触を楽しみながら素材に親しむことができ，2歳児以降の造形遊びの土台となる。散歩のときに，落ち葉や木の実，枝などを拾って，さまざまな色や形があることを知り，楽しむことも造形表現活動のひとつになるといえる。

(5) 表現（音楽）遊び

　1歳児は，保育者といっしょにリズムに合わせて身体を動かしたり，音楽に合わせて歌ったり，手をたたいたりする遊びを楽しむ。保育者は，いろいろな動作や歌をとり入れて，子どもの表現力が豊かになるよう援助していく。季節の歌やわらべうたに親しんだり，音楽に合わせて動物をまねたり，子どもの興味や関心に応じて遊びの内容を工夫したい。例えば，わらべうた「いっぽんばし」は，保育者と一対一でスキンシップをとりながら遊ぶことができるし，「むすんでひらいて」は手指を器用に動かすことができるようになる1歳児は，歌に親しみながら楽しむことができる。

　自然物（水・木の実・砂・葉など）を使って，自分で音を鳴らしてみることも楽しい。散歩で拾ったドングリを小さなペットボトルに入れて振ってみたり，いろいろな大きさの

コップに水を入れて棒でたたいてみたりして，音が鳴るのを楽しむことで，音への感覚や感性が育まれる。子どもたちが自分なりの表現活動を行い，心を動かす経験ができるよう，環境づくりを行うことが大切である。

■参考文献
- 大橋喜美子：０・１・２歳児の保育の中にみる教育，北大路書房，2017
- 厚生労働省：授乳・離乳の支援ガイド（2019年改定版），2019
- 厚生労働省：保育所保育指針解説，2018
- 汐見稔幸監修：保育所保育指針ハンドブック2017年告示版，学研教育みらい，2017
- 髙内正子編著：改訂子どもの保健演習ガイド，建帛社，2015
- 武安　宥監修：教育のイデア，昭和堂，2018
- 戸江茂博編著：保育カリキュラムの基礎理論，あいり出版，2018
- 役立つ！書ける！１歳児の指導計画，チャイルド本社，2018
- 無藤　隆編：育てたい子どもの姿とこれからの保育，ぎょうせい，2018
- 幼少年教育研究所：新版　遊びの指導，同文書院，2009

第6章

2歳児の発達と保育

1　2歳児の保育のポイント

　2歳児の保育のポイントについて，2017年の保育所保育指針改定で求められる「資質・能力」について，描画遊びの場面から考えてみよう。

事例1．描画遊び（2歳児保育）

　夏あそびの真っ最中，大きなダンボール板に，みんなで絵の具を使って絵を描きました。おばけの絵本をたくさん読んでおばけに親しんでいた子どもたち。「みて！これおばけよ」と，力強いぐるぐる丸やぐにゃぐにゃの線におばけのイメージをのせて，のびのびと描いています。
　「ほんとだ！おばけみたい。なにおばけかな～」と保育者が言うと，「ひとつめ」「すいかおばけ」「へびのおばけ！」「ぐちゃぐちゃのおばけ」とうれしそうに答えます。保育者も大きな目玉のおばけを描き，そのうちダンボールの地の色が見えなくなるほど，みんなで絵の具をぬりたくって，大満足であそびをおしまいにしました[1]。

　絵本からさまざまなおばけのイメージを楽しむ経験をしていた子どもたち。この事例では，絵本に描かれている「ひとつ目小僧」や「ろくろ首」，「傘おばけ」などの姿や音，所作などを想像して，感じたことや気づいたことなど（知識及び技能の基礎）を，考え，見たてたり，工夫して好きな色で表現し（思考力，判断力，表現力等の基礎），保育者とと

もに描きたいおばけを"自分で"意欲的に描き，活動に親しむ姿（学びに向かう力，人間性等）がみられる。さらに，おばけの活動をとおして，おばけの文化を味わっている。

2歳児までの保育で育まれた「資質・能力」を，3歳以降の幼児期の育ちへとつなげていくことが，いま求められている。保育実践を「知識及び技能の基礎」，「思考力，判断力，表現力等の基礎」，「学びに向かう力，人間性等」に基づいて，保育者が子どもに「何を教えるか」ではなく，子どもみずからが「何に興味をもち」，「何ができるようになるのか」という視点で，具体的な子どもの姿でとらえていくことが必要である（第2章第4節参照）。

2 発達の特徴と保育内容・方法

(1) 基本的な運動機能・手指操作

2歳児は，さまざまな運動機能が定着し，遊びが豊かに広がる時期である。

図6-1に示す動作を，遊びや生活の中で繰り返し経験することで，子どもは自分の身体を自分の思うようにコントロールし，動かす楽しさや喜びを味わうようになる。手指操作も，つまむ・引っ張る・まわす・手首を返すなど，手指の動きが巧みになってくる。2歳児は，いろいろな動きができるようになり，遊びたいことや表現したいことなど探索範囲を主体的に広げていくのである。

2歳児が興味をもって楽しむ遊びであるサーキット遊びや表現遊びには，上記の運動機能が盛り込まれている。

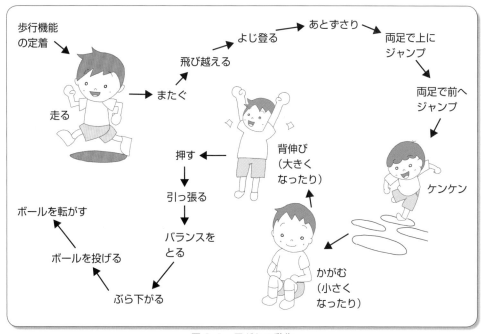

図6-1　子どもの動作

事例2. サーキット遊びとリトミック

- さまざまな運動を組み合わせたのがサーキット遊びである。例えば、『さんびきのやぎのがらがらどん』の絵本に親しんだクラスでは、子どもたちが大きいやぎや中くらいのやぎ、小さいやぎになりきって、長椅子に上がる・下りる・飛び越える、ネットをくぐる、太鼓橋をよじ渡る、マットを越える、転がるなどの運動を組み合わせて、「がらがらどんサーキット」を楽しむ姿がみられる。

- リトミックでは即時反応が養われる。自分の耳で聞いた音に即座に反応し、自分の身体で表現する。リズムやテンポに合わせて、ちょうちょやカエル、ゾウやワニに自分をイメージしながら身体表現する遊びが、多くとり入れられる。

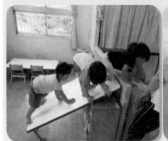
足の裏と足の指
しっかり使って！

おっとっと
バランスバランス

登ったり降りたり…

（2）感覚・対比的認識・時間認識

　2歳児は、体験や経験の広がりから、五感（視覚・聴覚・触覚・味覚・嗅覚）、皮膚感覚、場所感覚なども発達し、長さや大きさなどの対比がわかり（表6-1）、時間認識も少しずつできるようになる。子どもが少しずつ認識を深めていくような保育内容が求められる。

　2歳児の保育室には、大きなダンボールに○・△・□に開けた窓つきのトンネルや車が

表6-1　感覚・対比の認識の列

形	○　△　□
色	濃い色 ↔ 薄い色
大きさ	大きい ↔ 小さい
量	いっぱい ↔ 少ない
長さ	長い ↔ 短い
音	高い ↔ 低い
温度	熱い ↔ 冷たい
場所	○○ちゃんのお部屋、△ちゃんのロッカー

置かれていたり，壁には，さまざまな形をフエルトでカラフルに包んだ，形遊びができるボードなどが設置されている。○・△・□の窓から顔や手を出して遊ぶ姿やさまざまな形を組み合わせる姿など子どもが自然に遊びながら，認識が理解できるような工夫がなされている。

　食事が終わると子どもたちは，自分のお手ふきやエプロンを上手にひとつにまとめて，自分のマークがついているかごをめざして片づける。園庭へ出るときは，自分の帽子を自分でかぶり，自分のくつ置き場をみつけ，自分でくつを履こうとする。

　また，昨日・今日・明日といった時間認識がなんとなく理解されてくるのも2歳から3歳にかけてである。遠い見通しはもてないが，「昨日，花火！」，「今日は，○○して遊ぶよ」など自分が経験したことを表現する姿がみられる。

ダンボールのトンネル

○・△・□で形遊びを楽しむ

(3) 基本的な生活習慣の芽生え

　1歳の姿をもとに，2歳から3歳にかけては，基本的な生活習慣（食事・睡眠・排泄・着脱・清潔）が身につき，少しずつ自分で取り組むことができるようになる。とりわけ2歳児は，「自分で」やりたいがうまくできず，心が揺れている時期である。ひとりではいたズボンのおしりの部分が腰まで上がっていなかったり，口のまわりをおしぼりで拭くのだけれども食べかすがしっかり残っていたり，はじめは決して完璧にはできないが，保育者のさりげない援助を受けながら，少しずつ自分ひとりでできるようになっていく。一人ひとりの育ちに合わせた配慮が必要である。「自分で！」の主張は，自立への大事な一歩である。

1) 食　　事

　手指の操作の育ちとともに，親指と人さし指と中指を使って，スプーンを二点で持てるようになる（サムグリップ）。この過程を繰り返し，上手に使えるようになり定着すると，おはしへの移行ができる。スプーンなどの道具が使えるようになり，食事のマナー（いただきます・ごちそうさま，食事をしているときは立たないなど）も身につくよう援助していくが，食事において何よりも大切な援助は，保育者や友だちとともに，食事の時間を，楽しく，おいしく食べる意欲が育つように，雰囲気を工夫していくことである。

2）睡　　眠

　午前睡の時間がなくなり，午睡の時間にたっぷりと眠れるようになる。保育者は，温度や湿度，風向などに配慮し，安全で落ち着いた雰囲気を整備し，一人ひとりの眠りに入る癖（トントンしながら眠りに入る，背中をなでてもらうなど）やその日の状況に合わせて援助する。

3）排　　泄

　2歳頃は，トレーニングパンツからパンツへと移行していく時期である。ひとりで排泄できるようになっていくが，個人差が大きい。排泄は2歳になったからといってできるようになるわけではない。排泄のメカニズムが整い，排尿感覚が次第に発達する。あわせて「シーシー」などの言葉の発達や，便座に座ることができる体幹が育つことで，ひとりでおまるやトイレを使うことができるようになる。排泄後，ひとりで拭くのはむずかしいため，定着するまでは，保育者の繰り返しの見守りが必要である。

4）着　　脱

　スナップやボタンをつけたり外したりできるようになり，ひとりで着ようとする姿がみられる。ひとりで着脱できる喜びに共感しつつ，ズボンの引き上げや小さなボタンをはめるときなどは，保育者のさりげない援助が必要である。ひとりではめられた，着ることができた達成感や満足感が，「自分で」できる意欲につながっていく。

5）清　　潔

　食事の前後や外から帰ってきた際には手を洗い，うがいをすることを保育者といっしょに取り組む。食事のときには，自分でおしぼりを使い，口のまわりをきれいにしようとすることができる。汗をかいたときや鼻水が出たときなどは，保育者の言葉がけで子どもは気づき，ひとりで拭くことができるようになる。

　このように，基本的な生活習慣が身につくためには，繰り返し，ていねいに子どもへ語りかけ，いっしょにできるようになる達成感や「自分で」できる満足感が得られるような，保育者のきめ細かな援助が大切である。

（4）対話・応答的な言語表現へ

　2歳から3歳にかけて個人差はあるが，語彙数はいっきに200～300から900～1,000語程度に増える。一語文から二語文，三語文，多語文を習得し，自分の思いや，やりたいこと，遊んだことなどを自分なりの言葉で保育者に話し，友だちと言葉をかけ合うことができるようになる。

　絵本や紙芝居，ペープサート，パネルシアターなどをとおして，言葉のリズムや感覚，言葉のやりとりができるようになる。見立て遊びやつもり遊びでイメージを楽しむことができるようになるこの時期には，自分が得た言葉をごっこ遊びの中にとり入れ，言葉や身振り手振りで表現を楽しむ姿が育つのである。

　2歳児の好きな絵本のひとつに『しろくまちゃんのほっとけーき』（第15章第2節参照）がある。場面中のやりとりのように，「けーきがやけた」，「たべてみて」，「おいしい」と言

葉のやりとりを楽しむ姿がみられる。他者の言葉や思いに耳を傾けることができるようになるのが2歳児である。

2歳から3歳にかけて表現される対話的で応答的な言葉のやりとりによって，子どもは言葉を獲得し，言葉による自己表現が育つ。そのためには，保育者は，子どもが安心して言葉を発することができるように，子どもの思いに寄り添い，受け止め，つないでいかなければならない。

(5) まねっこから，見立て・つもり遊びの世界へ

2歳児は，まねっこ遊びから見立てやつもり遊びを楽しみながら，イメージの世界を味わい，言葉を育む。見立てやつもり遊びができるようになる象徴機能は，「自己と他者の二重化，虚実の二重化を必須条件として形成される」[2]のである。お気に入りの絵本のイメージを他者と共有したり，日常生活の中に虚構の世界を創造したり，他者と見立てやつもりのやりとり遊びを楽しむことで，象徴機能（第15章第1節参照）は形成されていく。

イメージの世界の言葉で自分の思いを他者に向かって語りかけ，物語に出てくる登場人物になりきり演じることで，自我の内実を豊かにしていく2歳児の姿がある。

保育の場にいるとき，2歳児は，大好きな絵本を介し，絵本の中のイメージを母や祖母や保育者と共有することで，安心の拠点を見い出していく。お母さんがいない寂しいときでも，保育者が絵本の世界へいざなうことで，イメージの世界を楽しみながら，自分のよりどころをみつけることができる。保育者は，一人ひとりの子どもの思いに寄り添い，子どもたちがいまだ出会ったことのない虚構の世界へいざない，子どもがみずから見立て，なりきって遊ぶ体験をいっしょに創造していく。

事例3．見立て・つもり遊びのイメージからの言葉のやりとり

箱積み木（1.5×0.1m）をまたいでバスにみたててままごとあそびをしている。
買い物袋をもって
　Aくん：「ピンポン！買い物行ってきます」
　Bちゃん：「ピンポン！アイス買ってきます」
　Cくん：「ピンポン！・・・」
一回りして，またバスに乗るあそびを繰り返しています。
『ピン・ポン・バス』（偕成社）という絵本が人気で，「ピンポン」という，絵本の中のフレーズと生活の中での経験を友だちと共有して，やりとりを楽しんでいました[3]。

この事例では，Aくん，Bちゃん，Cくんは，バスに乗ったイメージの世界にたっぷり入り込んでいる。絵本で出会った「ピンポン！」を使って，お買い物のつもり遊びの中で，友だちといっしょに，言葉のやりとりを楽しんでいる。

このように，2歳児は，見立て遊びやつもり遊びにおいて，さまざまなイメージの世界

で言葉を育んでいく。また友だちと自分の思いがぶつかり，自分の思いが言葉で表現できない場面もある。保育者は子どものつぶやきやしぐさから，子どもの思いや気持ちを受け止め，子どもの思いを代弁し，共感しながら，対話的に子どもと子どもをつないでいく。

(6) 自分の世界と他者の世界――自我の形成

2歳になると他者の姿や行為をとおして，友だちを意識しながら，自分を自覚するようになる。例えば，まねっこ遊びである。「まねっこ」は，自分ではない他者がしている動作を見て，自分としていることが違う存在として認識し，自分も同じように振る舞いたいと思い，まねをすることである。友だちと同じ・いっしょの動作がうれしくなり，繰り返し遊ぶ。そうするうちに，他者から取り入れた動作を自分流に楽しみ，動作を工夫し，自分の世界を拓いていくのである。

他者との共有・共感の世界をとおして，関係を築きながら，一方では，自分を主張し，他者とぶつかることも多々みられる年齢である。

また，「自分で！」と自己主張が育ち，なんでも自分でやろうとする。しかし，できなくて甘えたいという気持ちも強く出てくる。自立と依存の間で葛藤がみられる。2歳児は，このような過程を繰り返しながら，自我を形成し，世界を広げていくのである。

3　生活と環境，保育者の援助

保育の場における子どもの生活を支えるためには，養護である「生命の保持」，「情緒の安定」つまり「いのち」と「こころ」がまずあって，子どもの生活が営まれるのである。

> 「『いのち』は『からだ』とともにある。『いのち』は『こころ』をもっている。『こころ』は，『からだ』の動きや表情，声，そして言葉で『こころ』自らを表現する。人間は，700万年前といわれる出現当初から弱い生き物であったから，お互いに『協力・分配』して，『共感』しあって自然界にはたらきかけ，『からだ』と『こころ』を発展させた。」
> 　　　　　　　　　　　高谷　清『重い障害を生きるということ』岩波新書，2011，100頁

> 「いのち」と「からだ」を生きる人間にとってお互いが共感し合い，わかち合う関係は，何よりもこころと身体が解放される安心の「居場所」である。さらに，
> 「生命というものの特徴の第一は，多様性であり，一人ひとりは違っていること。第二番目には，その一人ひとりはユニークな選ぶ力，自己創出の力で生きているということ。第三番目には，つねに他者とかかわりの中で生きているということ。」
> 　　　　　　　　　　　大田　堯『歩きながら考える生命・人間・子育て』一ツ橋書房，2000，80頁

上記に述べられているように，一人ひとりの子どもが，人間としての尊厳をもち，個性を生きる存在であるという理解が，子どもとともに生活や遊びを創造し，環境を構成して

いくための基本になる。

(1) 安心できる「居場所」としての保育室──二項関係から三項関係へ

　子どもは，安心と信頼の拠点＝「まなざし」の共有，共感において，応答し関わり合う心地よさ，楽しさを経験する。相互応答的に，いつも関わることをとおして，子どもは，どんなときでも保育者が見ていてくれる，受け止めてくれる安心感や，いつも応えてくれることから信頼感を形成する。人格形成の基礎が二項関係（第15章第1節参照）において形づくられるのである。この関係をもとに子どもは，1歳前後になるとモノに対する「指さし」行為を始める。「指さし」は，単にモノをつかんだり，握ったりする行為とは異なり，子どもの志向性が込められている[4]。

　三項関係（第15章第1節参照）の育ちを受けて，2歳の子どもは，自分の知りたいことややりたいことに向かって指さし，探索活動をさかんに行い，新しい世界を拓いていく。外部にあるモノに対する知覚を他者と共有し合える関係が三項関係であり，コミュニケーションの基礎となる。

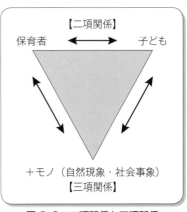

図6-3　二項関係と三項関係

　子どもは，先生とのやりとりや「まなざし」があるから安心して遊ぶことができる。呼びかけに保育者が応える＝応答することで，人を信頼し，愛されている実感とともに，楽しくておもしろい遊びに夢中になれるし，困ったことやできないことに挑戦し，がんばることができる。

(2) 環境構成と保育者の援助

　子ども＝人間は，自分が存在する環境（まるごとの環境）において，五感を働かせ，環境と相互作用しながら主体を表現していく。子どもにとって，環境とは何か。

　保育所保育指針には，「保育士等や子どもなどの人的環境，施設や遊具などの物的環境，更には自然や社会の事象などがある」（第1章総則　1　(4) 保育の環境）と述べられている（第11章第3節参照）。

　保育者は，子どもの生活が経験豊かになるように，環境構成を工夫していかなければならない。保育の環境について高山は，次のように説明している。

> 人間は，環境の中から「アフォーダンス」を知覚し，それに合わせて行動を調整します。人間と環境は相互依存的な関係であり，人間の行動や心理は，周囲の環境から切り離すことができません。
>
> 　　　　　　　　　　　高山静子『環境構成の理論と実践』エイデル研究所，1993，31頁

　したがって保育者は，子どもたちの周りにある環境を工夫し，子どもが目の前にある環

境（物や人）に目を向け，主体的に関わろうとする姿を育てなければならない。例えば，砂場で遊んでいる2歳の子どもが，はじめのうちは砂をすくったり，指の跡をつけたりしていたとする。そこへ保育者がやってきて，プリンカップやざる，小さなスコップを砂場に置くと，子どもはすぐさま自分の関心のある形にふれ，手に取り遊び始める。子どもは，プリンカップやざる等新しい環境をすぐさまとり入れて，関わって遊び始める。

砂の感触や道具の色，砂でつくった形状や砂の音など，五感を活用して，目の前にある環境を自分の中にとり込み，それらをとおして，保育者や友だちと関わっていく。砂場というシチュエーション，砂や遊ぶ道具，自分の周りにいる保育者や他者など環境との相互作用をとおして育つのである。保育環境に求められる視点は次の1）〜3）である。

1）落ち着く・安らぐ空間

これまでにも述べてきたが，2歳の子どもは，保育室や保育者，友だちとの関係が安心できる空間でなければ十分に遊ぶことができない。子どもが，落ち着き，安らぐ空間は，部屋の大きさや壁の色，空間の広さなど物的な条件も大事であるが，それ以上に大人からの「まなざし」が共有できるという心理的な条件が大事である。保育における「まなざし」について，上野は次のように説明している。

> 　子どもは「まなざし」を共有することによって，自分以外の人と最初の意志交流をし，他者との一体感を経験する。
> 　子どもが最初に他者と共有する力としての「まなざし」に，大人の側の心の内奥が映しだされるという事実は，感慨深い。思いや願いをのせた「まなざし」で保育者は子どもとの一体感をつくりだすことができるのだし，それが子どもと向き合う最初なのである。
> 　　　　　　　　　　　　　　上野ひろ美『発達の「場」をつくる』高文堂出版，1993，31頁

このように，「まなざしの範囲」＝安心の拠点[5]とは，子どもにとって，いつも見ていてくれる，なんでもいえる，心身が安らぐ関係の場所なのである。「まなざしの範囲」において子どもは，安心して生活し遊びを展開することができる。

保育者の日常は，「まなざしで向かい合う」ことからはじまり，子どもとつながっていくのである。保育者は，子どものまるごとの姿（片言の言葉，表情，しぐさ，声色など）を受け入れ，認め，安心の拠点となるのである。

2）関わり合う空間

2歳から3歳にかけての子どもは，並行遊びを中心に，徐々に周りにいる他者と関わり始める。ひとりで遊ぶことも楽しいけれど，なんとなく友だちのそばが居心地がよく，友

となりの友だちが気になる！

みんな　つながって
うれしい　楽しい！

だちが気になるという，関わり合う空間が2歳児には必要である。

3）立ち直れる空間

2歳児は，1歳の頃に比べると話が上手になり，他者と関わることができようになるが，自分の思いや考えを十分に相手に伝えることは，むずかしい。次の事例で考えてみよう。

> **事例4．人形遊びとリレーごっこの場面**
>
> ● 人形遊びをしている女の子が，ひとりで思うままに人形に服を着せているときに，友だちの「貸して」の言葉が聞こえなくて，そのまま遊んでいると，別の友だちが人形をたたきに来た。女の子は，泣き出し，どうすることもできなかった場面。保育者は，泣いている女の子とたたいた友だちの間に入り，それぞれの思いを代弁していくが，女の子は立ち直って遊ぶことができない。
>
> ● リレーごっこで，もちたかったバトンをうまくもてず，バトンを落としてパニックになる場面。

上述の例のように，2歳の頃は，些細なことで気分が壊れ，くじけ，パニックになる場面は，保育室でよく見かけることである。子どもが，立ち直るためには，まず自分の思いが受け入れられる安心と信頼の場所，心の中で起こった葛藤を落ち着かせてくれる場所が必要である。保育者は，子どもを抱っこし，ふれ合いながら子どもの心もちに共感する。あるいは，大好きな人形を抱っこする，自分の好きなコーナーで遊ぶ，ひとりで絵本を見ることができるコーナーなど，子どもに合った「立ち直れる空間」が求められる。

4　遊びと環境，保育者の援助

(1) 遊びをとおして感覚が豊かに育つ環境と保育者の援助

2歳児の保育室は，「見る・聞く・ふれる・嗅ぐ・味わう」感覚，「形・色・大きさ・量」感覚，「場所」感覚，「音量（強弱），音程（高低）」感覚，運動感覚，「季節」感覚などのあらゆる感覚を鼓舞できるような環境で構成されている。2歳児は，身体まるごとで，さまざまな感覚をとおして生活や遊びを探究する発達期である。

2歳児クラスの新聞紙遊びの場面から，感覚が豊かに育つことについて考えてみよう。

> **事例5．新聞紙遊びの場面**
>
> 　子どもたちは，静かな鈴と管楽器の合わさったメロディーを聞きながら，保育者と同じように手指を広げたり，縮めたり，足の指をつまんだり，引っ張ったりと身体をほぐした。その後で，大きめな新聞紙の塊を子どもたちに見せた。すると，2歳児は，先生の周りに集まり，興味でいっぱいの様子である。
> 　保育者がその新聞紙の塊を振ると何やら音が聞こえる。子どもは，声をあげて喜んでいる様子がうかがえる。保育者が一枚ずつ新聞紙をはがしていく，保育室にはビリビリ・シャーといった新聞紙の破れる音と，子どもの声でワクワクした環境になった。「やりたい！」と子どもの声が響く。子どもは新聞紙の包みをひとつずつ思い思いに破って遊んだ。新聞紙のにおい，感触，音などを経験していた。
> 　エンディングは，みんなでちぎった新聞紙で雨を降らせ，ダイナミックな見立て遊びをみんなで楽しみ，最後は新聞紙を集めて，大きなボールをつくり満足して終わった。
>
> 資料）山口県柳井市ルンビニ第二保育園の実践，2014.6 より作成

　この新聞紙遊びの場面では，保育者は音楽を流しながら雰囲気をつくり，用意した新聞紙を破るという行為に伴うさまざまな音や感触，色やにおいを味わい，さまざまな形になった新聞紙を雨に見立てたり，集めた新聞紙ボールの大きさなどを体感し，あらゆる感覚や身体全体を使って遊ぶ子どもの姿がみられる。

(2) 遊びをとおして子どもの内面にドラマを

　ある2歳児クラスの子どもたちは，豊かな自然に恵まれた環境のもとでいきいきと遊んでいる。森に入るとオオカミが追いかけてくる。稲わらを見ると『三匹のこぶた』の家がイメージされ再びオオカミが現れる。木の橋をとおりかかると，『さんびきのやぎのがらがらどん』に出てくるトロルに挑む。畑の中の冬瓜は，恐竜の卵になる。実際に見て，感じて，ふれて，子どもたちは身体や五感を使って，見立てたり，つもりになったり，次から次へとドラマを紡ぎイメージをつなげて自然の中で遊びを展開していくのである。
　こうしたワクワクする遊びは，日常における歌唱や絵本の読み聞かせやさまざまな生活体験に支えられている。日常の保育の中での絵本や物語にひたる文学体験，身体表現などをとおしての遊び体験，保育者や友だちといっしょに遊んで関わり合う体験など，子どもとともに経験しているからこそ，子どもたちはイメージの世界において再構成できる。
　そうしたイメージの世界・ドラマの中で，2歳児は，一人ひとりが主人公となり，見えないオオカミやトロルや恐竜と対峙し，保育者や友だちといっしょにイメージを共有しながら，自我を形成していくのである。

(3) 遊びを支える保育内容の理解と展開，環境構成と保育者の援助

保育者は，子どもたちがみずからの関心や興味をもっている遊びに即して展開する場合と，子どもがおもしろそうと主体性を呼び起こし新しい遊びに挑戦し展開できる場合など，さまざまなやり方で遊びを構想し，創造する。その際，保育者は，2歳児がよりよく育つための遊び（保育・内容）や生活を理解・探究し，保育を構想する。

表6-2は，保育者が遊びを構想するための指導案の一例である。遊びは，構想したとおりに決して進まないのが保育実践であるが，この指導案のように構想することで，子どもの姿を思い浮かべ，遊びの内容を子どもに即して探求することができる。自分の興味や関心，感覚のまま，自由気ままな2歳児の姿をとらえ，子どもとともに，もっと楽しい，もっとおもしろい世界を紡ぐことができるのである。

1）遊びのコーディネーター・リーダー・仲間

保育者は，保育環境として重要な役割をもつ。子どもにとって保育者は，環境構成や遊びの内容を理解しているリーダーとしての役割，いっしょにイメージを共有し，遊びを豊かにする遊びの仲間・相談者・援助者としての役割，困ったことや戸惑ったときにいつでも向かい合ってくれる安全基地としての役割がある。2歳の子どもが遊びを展開する場合，保育者は，なくてはならない存在である。

表6-2 遊びを構想する指導案（例）

機能・段階	環境構成	子どもの応答予想	保育者の対応と組織化（援助，関わり）
導　入	具体性・意外性・方向性（教材づくり）	主体性の発露（関心・意欲）	「まなざしで向かい合う」など
展　開 ヤマ場	遊び・活動の多様性と充実	遊び込める 夢中・集中＝楽しい・おもしろい・難しい，チャレンジ	一人ひとりを認める（励ます） 子どもと子どもをつなげるなど
エンディング	次回へのつながり	楽しかった，おもしろかった，うれしかった	達成感・満足感・次回への課題や期待など

2）遊びの位相からみる環境構成

A．いっしょが楽しい，他者が意識できる環境
―自我と他者認識の創造（関わり合い，つながり合える場面）

> **事例6．「おおかみさん，いま，何時？」の遊び**
>
> 　保育者が，手作りのオオカミのぬいぐるみをかぶると，導入で読んでもらった絵本『ぶたのたね』の世界を子どもたちは，それぞれにイメージし，こぶたになり，オオカミとあそぼうとワクワクした表情になっている。
> 　子「オオカミさん，いま何時？」
> 　保「いま，朝ご飯を食べたところだ」
> 　子「オオカミさん，いま何時？」
> 　保「歯を磨いたところだ」
> 　―繰り返しあそんだところで
> 　子「オオカミさん，いま何時？」
> 　保「お前たちを食べる時間だ！」
> 　子どもたちは，サブの先生方や友だちと一斉に，カーペットのひいてある安全地帯へと一目散で帰っていく。スリルのあるやりとりをして楽しんでいたその時，オオカミに一人の男の子がつかまりそうになった。すると，カーペットの前にいた2.3人の子どもたちが，オオカミにつかまりそうな男のズボンを引っ張っり，必死で助けに行き，安全地帯で見守る子どもたちは「つかまえたらダメ！」と声援を送っていた。男の子が安全地帯に戻ると，子どもたちは，「あーよかった」と顔を見合わせた。
>
> 　資料）広島市三篠保育園ぱんだ組の実践，2014.12より作成

　2歳児クラスの子どもたちがオオカミから逃げ惑う姿をみていると，はじめのうちは，友だちなんて全く気にしないで，ひとりで逃げ楽しむ姿がみられた。しかし繰り返し遊んでいるうちに，いっしょに逃げるもうひとりの保育者の言葉がけもあり，友だちの姿を意識し，オオカミにつかまりそうになる友だちのズボンを引っ張り助ける姿があった。オオカミとの遊びをとおして，逃げる自分と他者を意識し，関わり合う楽しさやつながり合えた喜びを経験し，自分と他者をつないでいった。

B．繰り返し探索・挑戦・試行錯誤できる環境

　子どもは，探索・挑戦・試行錯誤できる環境があることで，ゆったりと遊び込める。
　2歳児は，目に映るあらゆる環境に興味津々の時期である。挑戦し，試行錯誤ができる遊びの環境が求められる。同時に，保育者に支えられながら，立ち直れる環境（時間の長短ではなくて，子どもがみずから満足・納得できること）を保障していくのである。

C．保育者がゆとりをもって，子どもの内面に寄り添いながら見守る環境

　遊んでいる子どもの姿を受け止め，いま見守るのか，子どもの遊びに関わるのか，あるいは，いっしょに遊びながら刻々の応答をするのか，保育者の存在そのものが，子どもの遊びの深まりを見通して支えるための大切な環境のひとつとして作用する。
　そのために保育者は，遊び＝保育内容や生活に関する理解を深めたり，保育内容を解釈したり探究し，自分が子どもにとってどのような環境であるべきかを自覚して行動する。

5 3歳児保育への連続・接続

2歳児の保育所利用率は約45％といわれるが，2歳までは，それ以外に，家庭で育った子ども，時々子育て支援サークルなどを経験した子ども，小規模保育所で育った子ども，家庭的保育で育った子どもなど，さまざまである。いずれにしても3歳以降の幼児保育への移行や接続の課題が出てくる。そこで配慮すべき事がらをいくつかあげておきたい。

(1) 2歳児の育ちのテンポやリズムを大事に

子どもにはそれぞれの年齢で，それぞれの個性での育ちのテンポやリズムがある。2歳児には2歳児の発達を踏まえたテンポやリズムがあることを大事にしたいものである。

2歳児は，自分を中心にしつつも，自分をつかめないまま，さまざまな興味や関心のもと，遊びの体験をとおして育っていく。自分は，いま，どこにいるのか，何がしたいのか，おもしろい・楽しいと実感できる，ゆったりと遊べる時間や空間が必要なのである。また，2歳児は，何をしているのかわからないまま，遊びの時間が過ぎてしまうことがある。そんなわからない・あいまいな時間（子どもにとっては，自分と対峙している時間，感覚に委ねている時間，友だちのまねをしている時間など）が必要なのである。

そんなとき，保育者が楽しいことやおもしろいことを指さしてくれたら，2歳児は楽しい遊びを発見しおもしろくなり，主体的になり，自分を形成していくことができてくる。

また2歳児は，みずからの興味や関心，主体性を表出し遊ぶ場合もあれば，それだけではなくて，子どもが知らなかった，経験したことのない楽しさ・おもしろさや発見があるとき（＝子どもの内面にドラマが生起するとき），主体性を呼び起こし，みずから遊びや生活を楽しむ主体となってきた。3歳児保育への移行においても，保育者からの生活や遊びのテンポやリズムを演出していくことも必要なのである。

(2) 育ちはつながっているという見方

子どもの発達をとらえる際に「○歳の壁」といった言葉をよく耳にする。例えば，3月頃，もうすぐ3歳だからおはしが持てるようにと，発達の壁を越えさせようと，おはしの練習が始まる光景がある。しかし，子どもはおはしを持ちたい意欲でいっぱいだが，なかなか手指を思うようには動かすことができない。

子どもがおはしを持てるようになるためには，0歳からの遊びや生活の充実が要因としてある。0歳から手指を使う遊び，全身運動，バランス遊びなど十分に育っているからできるようになるのである。2歳の段階で，椅子に落ち着いて座れ，2点でスプーンを正しく持ち，口へ食べ物をうまく運べているのかが肝要である。スプーンを2点で持てないのでは，おはしに移行することは難しい。シール貼り，ちぎり絵，ボタンはめなどの手指操作や集中できる遊び，走ったり跳んだり越えたり飛び跳ねたり転がったり，鉄棒にぶら下

がったりなどの体幹や全身が育つ遊びを十分にできるようになることで，おはしが持てるのである。

　子どもは，保育者に見守られて，「いや，自分で」と自己表現し，思いを受け止められることで自我を形成し，3歳児クラスになったとき，並行遊びから少しずつ友だちと関わり，グループで遊ぶことができる姿へと育つのである。

　子どもが2歳という年齢段階での育んできた生活や遊びを大事にすることで，3歳への連続的な育ちをうまく支えることができるのである。

(3) 3歳児保育＝年少クラスへつながるための工夫

　それまで保育所等で育った2歳児クラスの子どもたちは，年少クラスへ進級する前の2月，3月には，年少クラスのお兄さんやお姉さんとの交流をとおして，年少クラスの保育室やトイレなどの場所感覚を味わったり，年少クラスのお兄さんやお姉さんといっしょに遊びながら，年少クラスを学んでいく機会をもつことができよう。

　年少クラスになると上履きやお弁当袋の使い方など2歳児クラスでは経験しなかった生活の場面が始まる。保育者は，4月から変わる環境に子どもたちが安心して移行できるように，進級を喜んで迎えられるように，上履きの使い方やお弁当袋の結び方などを遊びに取り入れる配慮を忘れてはならない。

　また，年少クラスの保育者とは，子どもの姿や遊びの様子を具体的に話し合い，一人ひとりの子どもの視点に立った連携の場を設けることも必要となろう。

■引用文献
1) 広島市・広島市保育連盟：広島市保育カリキュラム，2012，p.153
2) 大田　堯：歩きながら考える生命・人間・子育て，一ツ橋書房，2000，p.80
3) 広島市・広島市保育連盟：広島市保育カリキュラム，2012，p.143
4) 吉本　均：授業観の変革，明治図書，1992
5) 吉本　均編著：「まなざし」で身に語りかける，明治図書，1989，pp.35〜43

■参考文献
・吉本　均：教室の人間学，明治図書，1994
・中田基昭：子どもから学ぶ教育学，東京大学出版会，2013
・鈴木八朗編著：0・1・2さい児の遊びとくらし，メイト，2017
・長瀬美子：乳児期の発達と生活・あそび，ちいさいなかま社，2014
・竹下秀子：赤ちゃんの手とまなざし，岩波書店，2001
・豊田和子編：実践を創造する　保育原理，みらい，2016
・上野ひろ美：発達の「場」をつくる，高文堂出版，1993

写真提供：山口市立山口保育園
　　　　　広島都市学園大学こどもケアセンターいーぐる
　　　　　広島市三篠保育園

第7章

健康・安全管理
―子どもの生命を守り健康を育む

　子どもが健康で安全な生活ができるように，健康管理，感染症対策・事故の発生防止などの安全管理に取り組むことはきわめて重要な事項である。保育所保育指針で述べられている「養護」の面のもっとも大事な部分である。3歳未満児（0～2歳）の発達過程を十分に理解したうえで，保育の環境を整備し，職員間で情報を共有するとともに，家庭と連携しながら，子どもへの健康の維持・増進，安全指導・安全教育に努めることが必要である。

1 健康面への配慮

　子どもの健康と安全を守り，心身の健やかな成長を支えることは保育の基本である。日常の保育の中で，保育者が一人ひとりの子どもの健康状態や発育・発達の状態を把握し，健康の保持や増進を図るとともに，安全の確保に努めることが重要である。
　乳幼児，特に低年齢児は抵抗力が弱く，身体の機能も未熟であることから，疾病にかかると，進行が早く重症化しやすい。保育の場における日々の健康観察や家庭での様子の把握，定期的な身体計測や健康診断などをとおして，子どもの健康管理を行うことが大切である。

(1) 健康状態の把握

　保育者は，子どもの心身の状態を把握するために毎日，健康観察を行う。

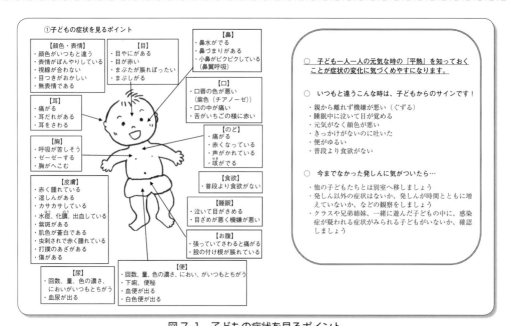

図7-1 子どもの症状を見るポイント
出典）厚生労働省：保育所における感染症対策ガイドライン（2018年改訂版），2018, p.71

まず，受け入れ時に体温を測る（または，保護者に確認する）。機嫌，泣き声・泣き方，顔色，身体の動かし方，目・耳・鼻・皮膚の状態，便・尿の様子（回数・性状・量など）を観察し，いつもと違う状態の有無を把握する（図7-1）。保育中には，遊び・食事・睡眠中の子どもの機嫌，食欲，顔色，活動性等を観察するとともに，個々の子どものアレルギーやけいれんなどの体質的特徴を把握し緊急対応に備えておく。なんらかの疾病が疑われる場合は，保護者に連絡するとともに，嘱託医（園医）やかかりつけ医等と話し合い，適切な対応を図ることが必要である。

(2) 発育・発達状態および育児環境の把握

乳幼児期は，発育・発達が著しく，一人ひとりの子どもの個人差が大きいため，発達の過程や育児環境などを把握し，適正な発育・発達が保持され，生活リズムや24時間の生活の連続性を見通した保育のための情報を把握する。

1）入園面接時の情報収集
① 母子健康手帳によるこれまでの心身の健康状態の把握をする（出生時の状況，これまでの健康診断記録，疾病罹患状況，予防接種履歴，アレルギー，熱性けいれん，治療中の疾病の有無と経過など）。
② 主治医の有無と健康相談などの連携状態の確認をする。

2）入園後の発育・発達状態の把握
平均的な出生時の体重は3,000 g前後，身長は約50 cmであるが，1歳の誕生日頃には体重は約3倍，身長は約1.5倍になる。乳児期の発育は個人差が大きく，一人ひとりの発育状態を把握するため，定期的に身体計測を行い客観的な評価を行うことが大切である。

① 身体測定（月1回）の実施と保護者への報告および情報の共有をする。
② 定期健康診断（年2回）の実施では，日常の健康状態を嘱託医（園医）に伝え，必要があれば保護者に連絡するとともに保育の一助とする。

3）必要時の近隣医療機関との連携

関連する機関には，保健所・保健センター，療育センター・児童福祉施設や，児童相談所などがある。これらの機関と連携し，それぞれの専門性を生かしながら，子どもの発達に資するよう取り組んでいくことが求められる。

(3) 感染症への対応

1）感染症対策の重要性

感染症は，ウイルスや細菌といった病原微生物（病原体）が体内に侵入することで引き起こされる。乳児は免疫機能が未熟であり，さまざまな感染症にかかりやすい。子どもの健康と安全を守るために，感染症対策は重要な役割を担う。

出生後は，母親から受け継いだ免疫（母体免疫）があるため，感染症にかかりにくいが，生後6か月を過ぎると，母体免疫がなくなる一方で，活動範囲も広がってくることから，感染症にかかりやすくなる。

2）子どもがかかりやすい感染症

A．ウイルス性の感染症

ウイルス性の感染症として，ウイルス性胃腸炎（ノロウイルス，ロタウイルス，アデノウイルスなど），手足口病，ヘルパンギーナ，咽頭結膜熱（プール熱）などがある。

乳児がかかりやすい感染症としては，RSウイルス感染症があり，細気管支炎，肺炎などが引き起こされ，入院が必要となる場合が多い。

毎年集団流行が懸念されるインフルエンザは，合併症として脳症を起こす場合がある。インフルエンザには，抗ウイルス剤が開発されているが，他のウイルス性の感染症に対しては，抗生物質などの薬が効かない。予防接種で防げるものは確実に予防することが重要である。

B．細菌による感染症

細菌による感染症としては，細菌性胃腸炎（サルモネラ，カンピロバクター，病原性大腸菌など），溶連菌感染症，百日咳などがある。病原性大腸菌の中には，出血を伴う腸炎や溶血性尿毒症症候群（HUS）を起こす腸管出血性大腸菌があり，乳児では重症化することがあるので注意が必要である。腸管出血性大腸菌感染症は，十分な加熱と手洗いの徹底などの対策を実施することで，予防が可能となる。

3）乳児保育における感染症対策

子どもが長時間にわたり，集団で生活する保育の場においては，保育者が衛生管理を徹底し，感染症に対する正しい知識をもち，適切に対応することが重要となる。保育中は常に，子どもとの関わりや観察をとおして，子どもの体調を把握し，いつもと違う症状等がみられる場合は，体調の変化等について記録することが大切である。

感染症の疑いがある子どもがいる場合には，嘱託医（園医）やかかりつけ医の指示を受

けるとともに，保護者が迎えに来るまで医務室等の別室に移動させ，安静に過ごすなどの対応が望まれる。保護者に受診を依頼し，感染症であることが確定した場合には，嘱託医等の指導のもとに，すべての保護者へ情報を提供し，子どもの健康状態を的確に把握するとともに，その他の子どもの感染症の早期発見に努め，集団発生や流行を防ぐ。感染症を予防するために，子どもの予防接種歴や感染症の罹患歴を確認しておくことも重要である。

(4) 保育における衛生管理

保育所保育指針（以下，保育指針）の第3章　健康及び安全　3　環境及び衛生管理並びに安全管理には，以下のようにある。

---
(1)　環境及び衛生管理
ア　施設の温度，湿度，換気，採光，音などの環境を常に適切な状態に保持するとともに，施設内外の設備及び用具等の衛生管理に努めること。
イ　施設内外の適切な環境の維持に努めるとともに，子ども及び全職員が清潔を保つようにすること。また，職員は衛生知識の向上に努めること。

保育所保育指針　第3章　健康及び安全　3

子どもは身体の機能が未熟で抵抗力が弱く，生活環境に影響を受けやすい。ハイハイ，おすわり，伝い歩きをしている子どもの視点に立ち，常に安全で清潔な環境を保つよう配慮しなければならない。

保育者は保育室内をはじめ施設内の清掃や消毒等を行うとともに，感染症や衛生管理に関する知識と適切な対応方法を身につけることが必要である。保育者自身も日々の体調管理に留意し，正しい手洗いを励行する，清潔な服装や頭髪を保ち，身だしなみを整える，爪は短く切るなどの衛生管理に努めることが求められる。表7-1に保育施設内外の衛生管理を示した。

(5) 乳幼児突然死症候群（SIDS）

乳児の死亡原因の上位を占めている疾患として，乳幼児突然死症候群（SIDS：Sudden Infant Death Syndrome）がある。何の予兆や既往歴もないまま，主に睡眠中に突然の心肺停止により死をもたらすもので，厚生労働省では，その予防に関する取り組みの推進を図っている。毎年11月に「乳幼児突然死症候群（SIDS）の対策強化月間」を実施し，SIDSの発症率を低くするための普及啓発活動を行っている（図7-2）。

日本では，およそ6,000～7,000人に1人がSIDSで亡くなっていると推定される。2017（平成29）年度には69名が亡くなっており，乳児期の死亡原因としては第4位となっている。生後2か月から6か月に多く，まれに1歳以上でも発症することがある。SIDSから乳児を守るために，①1歳になるまでは，仰向けに寝かせる，②できるだけ母乳で育てる，③たばこをやめることが推奨されている。

表 7-1 保育施設内外の衛生管理

設 備	衛生管理
保育室	・日々の清掃で清潔に保つ。ドアノブ、手すり、照明のスイッチ（押しボタン）等は、水拭きした後、アルコール等による消毒を行うと良い。 ・季節に合わせた適切な室温や湿度を保ち、換気を行う。加湿器使用時には、水を毎日交換する。また、エアコンも定期的に清掃する。
手洗い	・食事前、調乳前、配膳前、トイレの後、おむつ交換後、嘔吐物処理後等には、石けんを用いて流水でしっかりと手洗いを行う。 ・手を拭く際には、個人持参のタオルかペーパータオルを用い、タオルの共用は避ける。個人持参のタオルをタオル掛けに掛ける際には、タオル同士が密着しないように間隔を空ける。 ・固形石けんは、1回ずつ個別に使用できる液体石けんと比較して、保管時に不潔になりやすいことに注意する。また、液体石けんの中身を詰め替える際は、残った石けんを使い切り、容器をよく洗い乾燥させてから、新しい石けん液を詰める。
おもちゃ	・直接口に触れる乳児の遊具については、遊具を用いた都度、湯等で洗い流し、干す。 ・午前・午後とで遊具の交換を行う。 ・適宜、水（湯）洗いや水（湯）拭きを行う。
食事・おやつ	・テーブルは、清潔な台布巾で水（湯）拭きして、衛生的な配膳・下膳を心掛ける。 ・スプーン、コップ等の食器は共用しない。 ・食後には、テーブル、椅子、床等の食べこぼしを清掃する。
調乳・冷凍母乳	・調乳室は清潔に保ち、調乳時には清潔なエプロン等を着用する。 ・哺乳瓶、乳首等の調乳器具は、適切な消毒を行い、衛生的に保管する。 ・ミルク（乳児用調製粉乳）は、使用開始日を記入し、衛生的に保管する。 ・乳児用調製粉乳は、サルモネラ属菌等による食中毒対策として、70℃以上のお湯で調乳する。また、調乳後2時間以内に使用しなかったミルクは廃棄する。 ・「児童福祉施設における食事の提供ガイド」を参考に調乳マニュアルを作成し、実行する。 ・冷凍母乳等を取り扱う場合には、手洗いや備品の消毒を行うなど、衛生管理を十分徹底する。母乳を介して感染する感染症もあるため、保管容器には名前を明記して、他の子どもに誤って飲ませることがないように十分注意する。
歯ブラシ	・歯ブラシは個人専用とし、他の子どものものを誤って使用させたり、保管時に他の子どものものと接触させたりしないようにする。 ・使用後は、個別に水で十分にすすぎ、ブラシを上にして清潔な場所で乾燥させ、個別に保管する。
寝具	・衛生的な寝具を使用する。 ・個別の寝具にはふとんカバーをかけて使用する。 ・ふとんカバーは定期的に洗濯する。 ・定期的にふとんを乾燥させる。 ・尿、糞便、嘔吐物等で汚れた場合には、消毒（熱消毒等）を行う。
おむつ交換	・糞便処理の手順を職員間で徹底する。 ・おむつ交換は、手洗い場があり食事をする場所等と交差しない一定の場所で実施する。 ・おむつの排便処理の際には、使い捨て手袋を着用する。 ・下痢便時には、周囲への汚染を避けるため、使い捨てのおむつ交換シート等を敷いて、おむつ交換をする。 ・おむつ交換後、特に便処理後は、石けんを用いて流水でしっかりと手洗いを行う。 ・交換後のおむつは、ビニール袋に密閉した後に蓋つき容器等に保管する。 ・交換後のおむつの保管場所について消毒を行う。
トイレ	・日々の清掃及び消毒で清潔に保つ。（便器、汚物槽、ドア、ドアノブ、蛇口や水まわり、床、窓、棚、トイレ用サンダル等） ・ドアノブ、手すり、照明のスイッチ（押しボタン）等は、水拭きした後、消毒用エタノール、塩素系消毒薬等による消毒を行うと良い。ただし、ノロウイルス感染症が流行している場合には塩素系消毒薬を使用するなど、流行している感染症に応じた消毒及び清掃を行う必要がある。
砂場	・砂場は猫の糞便等が由来の寄生虫、大腸菌等で汚染されていることがあるので、衛生管理が重要である。 ・砂場で遊んだ後は、石けんを用いて流水でしっかりと手洗いを行う。 ・砂場に猫等ができるだけ入らないような構造とする。また、夜間はシートで覆うなどの対策を考慮する。 ・動物の糞便、尿等がある場合は、速やかに除去する。 ・砂場を定期的に掘り起こして、砂全体を日光により消毒する。
園庭	・各保育所が作成する安全点検表の活用等による、安全・衛生管理を徹底する。 ・動物の糞、尿等は速やかに除去する。 ・樹木や雑草は適切に管理し、害虫、水溜りの駆除や消毒を行う。 ・水溜りを作らないよう、屋外におもちゃやじょうろを放置せず、使用後は片付ける。 ・小動物の飼育施設は清潔に管理し、飼育後の手洗いを徹底する。
プール	・「遊泳用プールの衛生基準」（平成19年5月28日付け健発第0528003号厚生労働省健康局長通知）に従い、遊離残留塩素濃度が 0.4 mg/L から 1.0 mg/L に保たれるよう毎時間水質検査を行い、濃度が低下している場合は消毒剤を追加するなど、適切に消毒する。 ・低年齢児が利用することの多い簡易ミニプール（ビニールプール等）についても塩素消毒が必要である。 ・排泄が自立していない乳幼児には、個別のタライ等を用いてプール遊びを行い、他者と水を共有しないよう配慮する。 ・プール遊びの前後には、シャワーを用いて、汗等の汚れを落とす。プール遊びの前に流水を用いたお尻洗いも行う。

出典）厚生労働省：保育所における感染症対策ガイドライン（2018年改訂版），2018，pp.27〜30

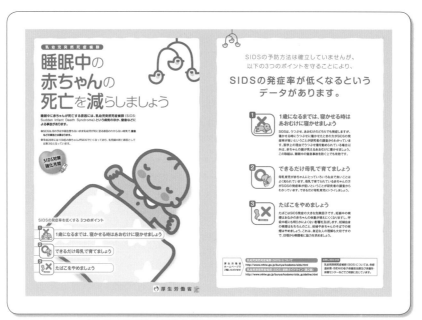

図 7-2　SIDS 対策強化月間リーフレット（厚生労働省）
https://www.mhlw.go.jp/bunya/kodomo/pdf/sids_leaflet_02.pdf

2　安全面への配慮

(1) 事故防止と安全対策

「人口動態統計」（厚生労働省）によると，日本の子どもの死因は，「不慮の事故」が上位3位の中に入っている（表7-2）。子どもは運動機能の発達とともに行動範囲が広がり，事故にあう危険性も高くなる。子どもは，指先の機能が発達してくると周りの物に何でも興味を示し，手を伸ばして触ったり，口に入れたりする。口に入れたものが気道につまり窒息することもある。子どもの発達過程に応じた事故の特徴（図7-3）を理解し，備品や用具の配置，安全点検を行うなどして，事故の発生防止に努めなければならない。

特に，保育の場においては，睡眠，プール活動および水遊び，食事等の場面で，重大事故が発生しやすい。場面に応じた適切な対応を図ることが重要である。

1) 睡眠中の事故防止対策

睡眠中の窒息事故を防ぐため，状態をよく観察できるよう仰向けに寝かせる，口の中に異物やミルク等の吐き戻しがないか確認する，やわらかい布団やクッションを使用しない，ひもおよびひも状の物（よだれかけのひも，布団カバーの内側のひもなど）をそばに置かないなど，安全な睡眠環境を確保することが重要である。睡眠中にはSIDS（前節参照）の予防のために，定期的に子どもの状態を点検し，呼吸の有無を記録するなど，異常が発生した場合の早期発見や重大事故の防止のための工夫が必要となる。

表7-2 年齢別死因順位

年　齢	第1位	第2位	第3位
0歳	先天奇形等	呼吸障害等	不慮の事故
1～4歳	先天奇形等	不慮の事故	悪性新生物＜腫瘍＞
5～9歳	悪性新生物＜腫瘍＞	不慮の事故	先天奇形等
10～14歳	悪性新生物＜腫瘍＞	自　殺	不慮の事故

出典）厚生労働省：平成29年（2017）人口動態統計

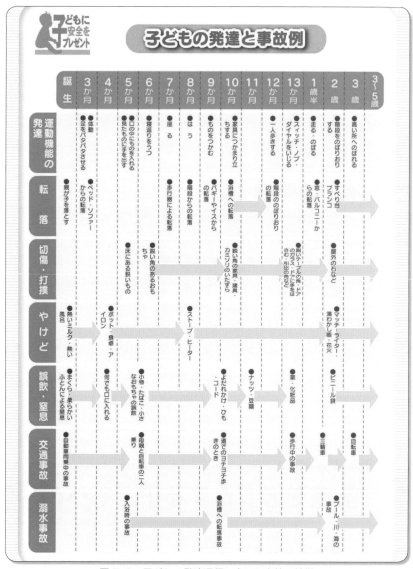

図7-3　子どもの発達過程に応じた事故の特徴
出典）国立保健医療科学院：「子どもに安全をプレゼント」事故防止支援サイト
https://www.niphgo.jp/soshiki/shogai/jikoboshi/index.html

2) 食事中の事故防止対策

　食事中には，誤嚥による窒息事故を防ぐため，子どもの食事に関する情報（摂食機能の発達状況，食行動の特徴等）や子どもの健康状態を把握し，窒息のリスクになるものを除去する必要がある。また，アレルギー除去食の子どもの誤食事故を防止するため，配膳の際には調理員と保育者が連携し，食事内容を記載した配膳カードの使用，指さし・声出し確認の体制整備など，安全管理を徹底しなければならない。特に乳児保育においては，食べこぼしや他の子どもの食事を手づかみで食べることがないよう，最善の注意が必要である。

3) 事故防止のための保育体制と家庭との連携

　保育の場において，重大な事故に至らなかった場合でも，さまざまな場面において，一歩手前の「ヒヤリとした」，「ハッとした」，事故に至る可能性があった事例の気づきを「ヒヤリ・ハット」という。ヒヤリ・ハット事例を収集し，組織的に安全対策を講じることが求められる。例えば，朝の会等で事例報告会を行うことで，危険・危機回避につながる。

　さらに，子ども自身が遊びをとおして危険・危機を回避する力や安全な生活習慣を身につけることができるよう，家庭と連携しながら子どもの安全教育に取り組むことも重要な視点となる。

(2) 災害への備えと危機管理

　地震や火災などの災害発生，重大事故や不審者の侵入等，保育の場では緊急時の危機管理について常に対応を講じておかなければならない。「児童福祉施設の設備及び運営の基準」には，災害への備えとして，児童福祉施設は避難訓練および消火訓練を少なくとも毎月1回行わなければならないことが示されている（第6条）。保育指針（2017）には，新しく「災害への備え」という項目が加わり，定期的な安全点検や避難訓練計画のマニュアル作成が求められている。

　乳児保育においては，子どもの運動機能や認知機能に個人差があるため，一人ひとりの発育・発達状態や行動の特徴を保育者が把握し，避難方法や避難経路を確認しておくことが大切である。緊急時の対応マニュアルを整備するとともに，職員の役割分担を明確にし，応急処置や救急蘇生の方法などについても常に新しい知識と技術を習得しておく必要がある。

3 配慮を必要とする子どもへの対応

(1) アレルギー疾患への対応

　アレルギー疾患には，アトピー性皮膚炎，食物アレルギー，気管支喘息，アナフィラキシー，アレルギー性鼻炎，アレルギー性結膜炎等がある。アレルギー疾患は，個人の体質

やそのときの体調によっても症状の出方が異なり，医師の診断と指示に基づきながら，適切な対処方法を考えていく必要がある。アレルギー疾患を有する子どもは，年々増加傾向にあり，「保育所におけるアレルギー対応ガイドライン」（厚生労働省，2019年改訂版）には，保育者，保護者，医療・保健機関が連携しながら，組織的に取り組むことができるよう，対応のあり方が示されている。

1）アトピー性皮膚炎

アトピー性皮膚炎は，年齢によって湿疹の出る部位や症状に違いがみられる。乳児では，おもに顔や首，耳などにジクジクした湿疹ができ，ひじやひざの内側，手首，足首などにも現れ，皮膚が乾燥してカサカサした湿疹になる。1歳までに発症することが多く，乳児性脂漏性湿疹との見極めが重要である。アトピー性皮膚炎は，強いかゆみを伴い，慢性化することが特徴である。

アトピー性皮膚炎の治療・予防は，皮膚を清潔に保ち，乾燥を防ぐことである。入浴や手洗い後は，石けん分が肌に残らないようにしっかりとすすぎ，保湿剤を塗って皮膚を保護する。強いかゆみのため湿疹をかいてしまうと，そこから細菌が入り傷口が悪化するので，かゆみを抑える塗り薬を正しく使用する。皮膚を引っかいて傷つけないよう，子どもの爪は短く切っておく。精神的なストレスによってかゆみが強まることもあるので，ストレスをためないようにし，安定した環境の中で過ごすことができるように配慮する。かゆみなどの不快な症状を言葉で表現できない3歳未満児には，細心の配慮が必要である。

2）食物アレルギー（第9章第4節参照）

特定の食物が原因で起こるアレルギー症状を食物アレルギーという。原因食物として，鶏卵，乳製品，小麦が多くを占め，三大アレルゲンと呼ばれる。その他にも，そば，甲殻類，果実類，らっかせい，大豆などさまざまな食物が原因となる。原因となる食物を正確に決定し，それを摂取しないことが治療の基本となる。ただし，三大アレルゲンでみると，3歳までに50％，就学までに80〜90％と加齢とともに耐性を獲得する。成長に伴い原因食物を徐々に摂取できるようになることが多いため，医師の適切な診断・指導のもと，除去食は必要最小限とする。除去食を行う場合は，カロリー不足などにより，子どもの発育に障害をもたらさないよう，栄養バランスには十分配慮する。併せて，保護者と綿密に連絡をとり，情報を共有することも必要である。

食物アレルギーを有する子どもの約9割が，乳児期に発症しており，その多くはアトピー性皮膚炎（多くは顔面から始まり2か月以上続くかゆみを伴う湿疹）を合併している。食物アレルギーが関与したアトピー性皮膚炎の場合は，離乳食を開始する前に原因物質を特定することが必要である。家庭で食べたことがない食物は保育の場では提供しないことが原則である。

3）気管支喘息

アレルギー反応で気管支の粘膜に炎症が起こり，呼吸困難を繰り返す疾患を気管支喘息という。くしゃみ，鼻汁，咳から始まり，呼吸のたびにゼーゼー，ヒューヒュー音がして呼吸が苦しくなる。夜間や明け方に起こりやすく，寝た状態よりも抱いて背中をさすると呼吸が楽になる。水分をとると気道が湿って咳が治まりやすく，痰も出やすくなる。

普段の生活では，ハウスダスト，ダニなどアレルゲンとなるものをできるだけとり除く

よう生活環境に配慮する。発作の予防のために，乾布摩擦で皮膚を鍛えたり，なるべく薄着にして，外遊びも十分させ，体力をつけることが必要である。

乾布摩擦

(2) 慢性疾患・障害への対応

慢性疾患や障害など，特別な配慮を必要とする子どもに対しては，成育歴や心身の状態を的確に把握し，一人ひとりが安定した生活を送ることができるよう留意しなければならない。食事を提供する際には，食事制限の内容や咀嚼・嚥下の摂食機能の発達等について正しく理解し，誤食や誤嚥の事故防止に努める必要がある。病状の変化や体調の急変時における対応について，家庭と情報を共有するとともに，児童発達支援センターや医療機関等と連携し，個別に支援していく体制を整えることが求められる。

(3) 虐待への対応

子どもに対して不適切な養育の兆候がみられる場合には，速やかに市町村または児童相談所に通告し連携を図る必要がある。保育所保育指針解説　第3章　健康及び安全には，虐待等の早期発見のために，①子どもの身体の状態，②子どもの情緒面や行動の状態，③子どもの養育状態，④保護者や家族の状態を把握するための視点が記されている。

保育の場での虐待対応では，問題を抱えている親子をいっしょに受け止め，見守りながら日常の保育の中で援助していかねばならない。低体重・低身長などの発育の遅れや，不自然な傷やあざ，おびえた表情，不潔な服装や身体，理由のない欠席や不規則な登園時刻など，子どもだけではなく保護者の様子もよく観察し，虐待が疑われる場合には，適切な対応を図ることが必要である（第9章第4節参照）。

■参考文献
- 厚生労働省：保育所保育指針解説，2018
- 厚生労働省：保育所におけるアレルギー対応ガイドライン（2019年改訂版），2019
- 厚生労働省：保育所における感染症対策ガイドライン（2018年改訂版），2018
- 髙内正子編著：改訂子どもの保健演習ガイド，建帛社，2015
- 田中哲郎：保育園における事故防止と安全管理，日本小児医事出版社，2011
- 内閣府・文部科学省・厚生労働省：教育・保育施設等における事故防止及び事故発生時の対応のためのガイドライン，2016
- 巷野悟郎監修：最新保育保健の基礎知識　第8版改訂，日本小児医事出版社，2013

第8章 乳児保育に求められる連携・協力
――多面的な協力・連携

1 職員間のチームワーク

(1) 複数担任制

　3歳未満児（0～2歳）は心身の機能が未熟で，食や睡眠をはじめ生活のリズムが定まっていない。そのため一人ひとりの発育および発達状態に応じた保育や特定の保育者と愛着関係を育み，応答的に関わるような保育を必要とする。さらに，産前産後・育児休業明けから入所する乳児は，延長保育を必要とするケースが多い。3歳未満児クラスの場合，職員は複数人のチーム体制で保育にあたることがほとんどである。

　乳児保育の充実の視点からお互いに役割分担をして，生活の流れや保育の場での生活が快適なものになるように連携して保育にあたることが大切である。長時間保育の中では正規職員だけではなく臨時職員やパート職員も多いことから，ていねいに引き継ぎをし，子どもが安定して保育の場で過ごすことができるようにしていくことが必要である。

　担当制をとる場合にも，担当不在時などに支障なく保育や保護者への対応ができるよう，日常的に職員間の細やかな情報共有が重要となる。

　複数担任には，多くの利点がある。ひとりで対応できないことも複数の保育者で補い合うことができる。それぞれの保育者が，もっている能力を最大限に発揮することにより，よりよい保育の展開が可能となる。また年齢月齢が小さいほど，安全に配慮する必要があり，複数の目で観察することにより，体調を崩すなどの変化も早期に発見できる。新人保育者の場合には，中堅保育者と組んだ場合など，知識や経験から多くを学ぶことができる

であろう。

　他方，複数担任であるがゆえの課題もある。いっしょに働かねばならぬ仲間であるはずが，気が合わない，仕事量に差があるなどさまざまな理由から人間関係にストレスを抱える保育者は少なくないのも現実である。社会人として，保育専門職として，子どもの健やかな育ちのための保育の観点からよく話し合い，担任同士で意思の疎通を図っていくことが大切である。

(2) 多職種との協働

　保育の場における多職種との協働は重要である。障害児保育，病児・病後児保育，アレルギー体質の子ども，特別な配慮を必要とする子どもなど，発達上の課題がみられる子どもも増えていることから，園医・看護師・栄養士などの専門職の参加，多職種連携に向けての体制づくりが求められている。特に3歳未満児は，日常的に，授乳室の管理や冷凍母乳の扱い，離乳食，アレルギー対応食など栄養士・調理師や看護師との連携が必要で，その他乳幼児突然死症候群（SIDS）などの事故対策，ノロウイルス・インフルエンザなどの感染症対策についても特別な注意を払う必要がある。

　保育所保育指針（以下，保育指針）では，乳児保育の特性と保育士間の連携，さらには嘱託医・栄養士・看護師等専門職との連携について次のように記述されている。

---

(3)　保育の実施に関わる配慮事項
ア　乳児は疾病への抵抗力が弱く，心身の機能の未熟さに伴う疾病の発生が多いことから，一人一人の発育及び発達状態や健康状態についての適切な判断に基づく保健的な対応を行うこと。
イ　一人一人の子どもの成育歴の違いに留意しつつ，欲求を適切に満たし，特定の保育士が応答的に関わるように努めること。
ウ　乳児保育に関わる職員間の連携や嘱託医との連携を図り，第3章に示す事項を踏まえ，適切に対応すること。栄養士及び看護師等が配置されている場合は，その専門性を生かした対応を図ること。

　　　　　　　　　　　　　　　　　　　　　保育所保育指針　第2章　保育の内容　1

---

(3)　疾病等への対応
ア　保育中に体調不良や傷害が発生した場合には，その子どもの状態等に応じて，保護者に連絡するとともに，適宜，嘱託医や子どものかかりつけ医等と相談し，適切な処置を行うこと。看護師等が配置されている場合には，その専門性を生かした対応を図ること。
イ　感染症やその他の疾病の発生予防に努め，その発生や疑いがある場合には，必要に応じて嘱託医，市町村，保健所等に連絡し，その指示に従うとともに，保護者や全職員に連絡し，予防等について協力を求めること。また，感染症に関する保育所の対応方法等について，あらかじめ関係機関の協力を得ておくこと。看護師等が配置されている場合には，その専門性を生かした対応を図ること。
ウ　アレルギー疾患を有する子どもの保育については，保護者と連携し，医師の診断及び指

示に基づき，適切な対応を行うこと。また，食物アレルギーに関して，関係機関と連携して，当該保育所の体制構築など，安全な環境の整備を行うこと。看護師や栄養士等が配置されている場合には，その専門性を生かした対応を図ること。
エ　子どもの疾病等の事態に備え，医務室等の環境を整え，救急用の薬品，材料等を適切な管理の下に常備し，全職員が対応できるようにしておくこと。

保育所保育指針　第3章　健康及び安全　1

保護者との連携

(1) 保護者とともに「子どもの育ち」を支える

　子どもの生活は，家庭・地域・保育の場で営まれている。子どもの健やかな成長のためには，1日24時間の生活を視野に入れ家庭と保育の場の連携を深めた保育が展開されなければならない。乳児保育の場において職員間のチームワークが大切なように，保育の場と家庭においても24時間，1日の生活の流れの中で子どもの育ちをとらえていくことが必要である。保育者は，成長や発達が著しいこの時期の子どもの様子や日々の保育について，生活や遊びの意味や望ましい接し方の方向性を保護者に伝えていく。また，保護者から子どもそれぞれの生活の状況や家庭における食事や排泄，睡眠や遊びなどの状況をていねいに聞きとっていくことは，子どもを理解するうえでも必要である。

　日常の保育の中で，朝夕の送迎時，子どもの行事，保育参加，保育参観，保護者会，個別面談，連絡帳，おたより，掲示物，園内外の環境構成など，機会をとらえて情報発信をしたり，保護者の思いに共感し，子どもの立場に立った子育ての支援を行うことが大切になる。保育者は保護者の親としての立場を尊重しつつ，子どもの成長や発達の喜びを共に味わえるよう意識して，保護者（家庭）との対等な関係を築き協力しながら子どもの育ちを支えていくことが，子どもの健やかな育ちにつながっていくのである。

(2)「保護者の子育て」を支える

　現代では，都市化・核家族化や地域との関係の希薄化により，子育て家庭を取り巻く環境は変化し，地域や家庭における養育力の低下が進んでいる。かつてはきょうだいや地域の子どもの世話をとおして，子育ての学習機会を得ることができていたが，そういう機会も失われつつある。自分で子どもをもつまで乳幼児と関わったことがないという保護者も少なくない。こうした状況は育児不安の一因となっている。一方，インターネットの普及で，検索すればあらゆる子育て情報を入手することができるが，多様な情報がかえって混乱を招くこともある。

　保育指針の第4章　子育て支援では，保護者の子育て支援は，保護者の養育行動の向上につながるような働きかけが重要であるとしている。保育の場の特性として，乳児期から

利用する場合，日々の保育をとおして保護者との継続的・長期的な関わりがもてる。また，保育者・看護師・栄養士等のさまざまな専門職が配置されていることなどから，子どもの発達がもっとも目覚ましいこの時期の，離乳食をはじめとする発達や疾病に関わる不安などに対応することが十分に可能である。保護者にとって保育者はもっとも身近な専門職であり，保育の場は気軽に相談できる所である。保護者から依頼される場で日々展開される保育実践や発達に即した安全で保健的な環境は，子育てのモデルとなり，保護者の養育力の向上につながる。

また，子育て支援の基本姿勢として，受容や自己決定の尊重，個人情報の保護が明記されている。受容とは，何でも保護者のいうことをそのまま受け入れることではなく，保護者の気持ちに寄り添い共感していくことである。自己決定の尊重とは，保護者が自分で判断し決定する権利を尊重することであり，保護者の主体性を重視する姿勢のことである。自己決定の尊重は自己判断を迫ったり子育ての責任を保護者に押しつけることではない。保護者とともに問題を整理し，子育てに関する自己決定を支え，保護者自身がもつ力を含めたさまざまな資源が活用できる情報を提供することをとおして，保護者の選択や判断を支持する姿勢が保育者には求められる。保護者はみずからの力を発揮しうる子育ての主体なのである。また，秘密保持，プライバシーの保護についても子どもの利益に反しない限りにおいて守られることが必要である。

　保育所における保護者に対する子育て支援は，全ての子どもの健やかな育ちを実現することができるよう，第1章及び第2章等の関連する事項を踏まえ，子どもの育ちを家庭と連携して支援していくとともに，保護者及び地域が有する子育てを自ら実践する力の向上に資するよう，次の事項に留意するものとする。
1　保育所における子育て支援に関する基本的事項
　(1)　保育所の特性を生かした子育て支援
　ア　保護者に対する子育て支援を行う際には，各地域や家庭の実態等を踏まえるとともに，保護者の気持ちを受け止め，相互の信頼関係を基本に，保護者の自己決定を尊重すること。
　イ　保育及び子育てに関する知識や技術など，保育士等の専門性や，子どもが常に存在する環境など，保育所の特性を生かし，保護者が子どもの成長に気付き子育ての喜びを感じられるように努めること。
　(2)　子育て支援に関して留意すべき事項
　ア　保護者に対する子育て支援における地域の関係機関等との連携及び協働を図り，保育所全体の体制構築に努めること。
　イ　子どもの利益に反しない限りにおいて，保護者や子どものプライバシーを保護し，知り得た事柄の秘密を保持すること。
2　保育所を利用している保護者に対する子育て支援
　(1)　保護者との相互理解
　ア　日常の保育に関連した様々な機会を活用し子どもの日々の様子の伝達や収集，保育所保育の意図の説明などを通じて，保護者との相互理解を図るよう努めること。
　イ　保育の活動に対する保護者の積極的な参加は，保護者の子育てを自ら実践する力の向上に寄与することから，これを促すこと。

保育所保育指針　第4章　子育て支援（抜粋）

地域の諸機関との連携・協力

　保護者との連携で述べたように，保育の場における子育て支援は，保育の場の特性や保育者の専門性を生かして行うとされている。その具体的内容として，保育指針の第4章では，① 保育における家庭との連携，② 多様な保育ニーズへの対応，③ 保護者自身の親としての育ちの支援，④ さまざまな養育課題に対する個別支援等が示されており，その範囲は多岐にわたっている。

　特に ④ には，育児問題や虐待，子どもの障害，保護者自身の心身の障害，家族問題など，保育の専門性のみでは対応しきれないような多様な問題が含まれている。そのため，保育の専門性を基盤としながらも，保護者が必要とする支援が保育所等で対応可能な範囲かどうかの見極め，保護者が保育所等の支援とは異なる支援を求めていると考えられる場合は，利用者支援事業，市区町村総合子ども家庭支援拠点，家庭児童相談室などのコーディネート機能を有する支援につなぐ。このような地域連携がよりよく機能するためには，それら地域の関係機関等についてよく知り，日常的な関係づくりをしていくことが必要である。保育の場に関連する親子を取り巻く制度，地域の関係機関や専門機関，関係者は，図8-1のように多種多様である。

〈専門機関〉
児童相談所，福祉事務所，保健センター，保健福祉センター，児童発達支援センターや療育センターなどの障害児支援関係機関

〈公共機関・公的施設〉
幼稚園，保育所，小学校，中学校，高等学校，大学，地域子育て支援拠点（地域子育て支援センター，児童館・公民館・商店街の空き店舗等），地域型保育（家庭的保育，小規模保育，居宅訪問型保育，事業所内保育），ファミリー・サポート・センターなど

地域
親子
保育の場

〈制度・法律〉
児童福祉法，母子保健法，子ども・子育て支援新制度と関連法，児童虐待防止法，子どもの貧困対策の推進に関する法律，地域子ども・子育て支援事業（地域子育て支援拠点事業，乳児家庭全戸訪問事業，一時預かり事業，延長保育事業，病児保育事業，利用者支援事業，など）障害児療育支援事業，保育所等訪問支援事業，産前・産後サポート事業，産後ケア事業，母子保健医療対策等総合支援事業など

〈組織・団体など〉
社会福祉法人や株式会社等の民間事業者，特定非営利活動法人（NPO），社会福祉協議会やボランティア協会，児童委員・主任児童委員，民生委員，自治会役員など

図8-1　地域の資源と連携
資料）厚生労働省：保育所保育指針解説，2018を参考にして作成

■参考文献
・厚生労働省：保育所保育指針解説，2018

第9章

乳児保育の今後の課題

1 待機児童の対策と乳児保育

　2017（平成 29）年の出生数は 2 年続いて 100 万人を割る 94 万 6,065 人で，前年より 3 万人ほど減少し，少子化にますます拍車がかかってきている。このように子ども数が減少しているにもかかわらず女性就業者（25 〜 44 歳）は年々上昇し，それに伴い保育の需要は増大している。2013（平成 25）年度から 2017（平成 29）年度末までの 5 年間では，国は待機児童解消加速化プランのもと 52 万 3,000 人分の拡大を見込んでいたが，2018（平成 30）年 4 月 1 日現在では前年度よりも 6,186 人減少し，保育所等待機児童数は 1 万 9,895 人であり 10 年ぶりに 2 万人を下回った。しかし，その待機児童全体の 1 万 7,626 人（88.6％）が 3 歳未満児（0 〜 2 歳）であり，乳児保育の場の拡充・整備が求められている。

　国は，これまでの待機児童解消加速化プランに引き続き，子育て安心プランを 2017（平成 29）年 6 月に公表した（図 9-1）。待機児童解消のために，東京都をはじめ意欲的な自治体を支援し，遅くとも 3 年間（2020 年度末まで）で待機児童を解消して若い世代の子育てに対する安心感を確実なものとするとともに，女性就業率 8 割に対応できる 32 万人の保育の受け皿を整備するというものだ。

　具体的には，6 つの支援パッケージとして，① 保育の受け皿の拡大，② 保育の受け皿拡大を支える「保育人材確保」，③ 保護者への「寄り添う支援」の普及促進，④ 保育の受け皿拡大と車の両輪の「保育の質の確保」，⑤ 持続可能な保育制度の確立，⑥ 保育と連携した「働き方改革」がある（図 9-2）。

　保育の受け皿としては，大規模マンションへの保育の場の設置促進や，幼稚園における

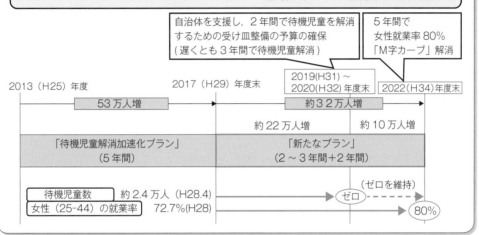

図 9-1　子育て安心プラン
出典）厚生労働省

```
┌─────────────────────────────────────┬─────────────────────────────────────┐
│ 1 保育の受け皿の拡大                │ 3 保護者への「寄り添う支援」の普及促進 │
│ ～更なる都市部対策と既存施設の活用、│ ～更なる市区町村による保護者支援を行う～│
│ 多様な保育を推進する～              │ ・「保育コンシェルジュ」による保護者の│
│ ・都市部における高騰した保育園の賃借料│  ための出張相談などの支援拡大       │
│  への補助                           │ ・待機児童数調査の適正化             │
│ ・大規模マンションでの保育園の設置促進├─────────────────────────────────────┤
│ ・幼稚園における2歳児の受け入れや預かり│ 4 保育の受け皿拡大と車の両輪の「保育の│
│  保育の推進                         │   質の確保」                         │
│ ・企業主導型保育事業の地域枠拡充など │ ～認可外保育施設を中心とした保育の質を│
│ ・国有地、都市公園、郵便局、学校等の余│  確保する～                         │
│  裕教室等の活用                     │ ・地方単独保育施設の利用料支援       │
│ ・家庭的保育の地域コンソーシアムの普及│ ・認可外保育施設における事故報告等と │
│  、小規模保育、病児保育などの多様な保│  情報公表の推進                     │
│  育の受け皿の確保                   │ ・災害共済給付の企業主導型保育、認可外│
│ ・市区町村ごとの待機児童解消の取組状況│  保育施設への対象拡大               │
│  の公表                             ├─────────────────────────────────────┤
│ ※市区町村における待機児童対策の取組状│ 5 持続可能な保育制度の確立           │
│  況（受け皿拡大量、各年4月1日の待機│ ・保育実施に必要な安定財源の確保     │
│  児童数等）を市区町村ごとに公表。   ├─────────────────────────────────────┤
│ ・保育提供区域ごとの待機児童解消の取組│ 6 保育と連携した「働き方改革」       │
│  状況の公表                         │ ～ニーズを踏まえた両立支援制度の確立を│
│ ・広域的保育園等利用事業の積極的な活用│  目指す～                           │
│  促進                               │ ・男性による育児の促進               │
├─────────────────────────────────────┤ ・研究会を開催し育児休業制度の在り方を│
│ 2 保育の受け皿拡大を支える「保育人材│  総合的に検討                       │
│   確保」                            │                                     │
│ ～保育補助者を育成し、保育士の業務負担│                                     │
│  を軽減する～                       │                                     │
│ ・処遇改善を踏まえたキャリアアップの │                                     │
│  仕組みの構築                       │                                     │
│ ・保育補助者から保育士になるための雇上│                                     │
│  げ支援の拡充                       │                                     │
│ ・保育士の子どもの預かり支援の推進   │                                     │
│ ・保育士の業務負担軽減のための支援   │                                     │
└─────────────────────────────────────┴─────────────────────────────────────┘
```

図 9-2　子育て安心プランの6つの支援パッケージの主な内容
出典）厚生労働省

2歳児の受け入れや預かり保育の推進があげられる。また，2016（平成28）年度から実施している企業主導型保育事業の地域枠拡大，さらに家庭的保育コンソーシアム形成モデル事業が新規に実施されている。これは保育ママが保育に専念できる環境を整備することにより，家庭的保育事業に参入しやすくなり，さらなる保育ママの普及・質の向上を図ることをめざしている。保育人材確保では，保育者の子どもの預かり支援の推進など，潜在的な保育ニーズを的確に把握するため，保育コンシェルジュなどを積極的に活用することなどが盛り込まれている。

これらのさまざまな待機児童対策によって，保育の場の拡大，多様化が進み，人的にも物的にも規制緩和されている状況の中で，保育の質にも気を配りたい。保育の場における乳児保育はだれもが利用できるように認められているが，子どもたちが安心感・安定感をもって生活できているかどうか，保護者自身も安心して保育の場にわが子を預けられているのかを見守っていくことが必要である。

2　乳児保育の質の向上

子育て支援新制度以降，待機児童対策の推進により，保育の場の量的拡大が進み，3歳未満児を対象とする乳児保育の場は拡大した（前節参照）。一方で，施設の運用における設置基準が緩やかになるいわゆる規制緩和のもと，乳幼児期における保育の質が脅かされる状況になってきている。

図9-2に示した子育て安心プランの6つの支援パッケージには「保育の質」についての記述がある。本項では，厚生労働省において始まった「保育所等における保育の質の確保・向上に関する検討会」における議論を参考に，乳児保育における保育の質について考えたい。

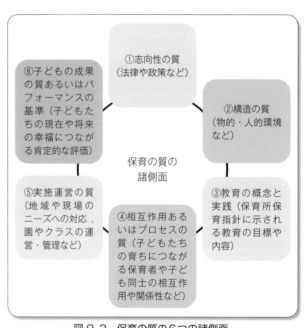

図9-3　保育の質の6つの諸側面
資料）OECD：Starting Strong Ⅳ，2015を参考にして作成

（1）保育の質とは

保育の質とは何か。OECD（経済協力開発機構）は，保育の質の定義として，子どもたちが心身ともに満たされ，より豊かに生きていくことを支える保育の場が準備する環境や経験の

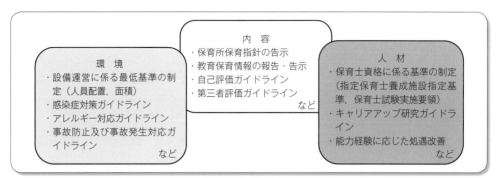

図9-4 保育の質の3つの観点
出典）内閣府

すべて，つまり多面的で複合的な乳幼児へのケアと教育への手厚い関わりである（OECD：Starting Strong Ⅳ，2015）として，保育の質の諸側面を示している（図9-3）。

(2) 保育の質の3つの観点

日本では，保育の質を「内容」（保育所保育指針（以下，保育指針）による保育の目的や内容の提示や評価のしくみなど），「環境」（設備運営の最低基準やガイドラインなど），「人材」（保育士資格の基準の制定，キャリアアップ研修ガイドラインなど）の3つの観点に整理して，基準等を定め，質の確保を図るとともに，質の向上に対する取り組みを推進している（図9-4）。

(3) 乳児保育の質の向上

子ども・子育て支援新制度の施行により，教育・保育施設あるいは地域型保育所として保育の場は拡大し続けている。就学前児童の保育所等利用率は44.1％（261万4,405人），3歳未満児では36.6％（107万1,261人）を占め急増傾向を示している（厚生労働省：保育所等関連状況取りまとめ，2018年4月1日現在）。前述のように待機児童数は1万9,895人で，そのうち乳児保育の対象である3歳未満が88.6％であることから，今後も乳児保育の量的拡大は進み，より一層乳児保育の質の向上が求められることとなる。

特に小規模保育や家庭的保育などの地域型保育については，保育の質低下の懸念がある。そこで，地域型保育事業の認可基準で，小規模保育事業の認可基準はB型，C型には保育所等と同数の職員配置に1名加算，B型で開始した事業所が段階的にA型に移行するように促したり，家庭的保育事業，事業所内保育事業は，保育内容の支援および卒園後の受け皿の役割を担う連携施設の設定を求めるなど，質の確保を図っていくこととしている（前項「環境」の観点からの質の向上）。さらに，保育指針の乳児保育に関する記述が2017年改定で充実された（前項「内容」の観点からの質の向上）。規制緩和の名の下で保育条件を引き下げるのではなく公的保育の充実により保育の質向上が大切である。

乳児保育者の資質向上では，保育者が子ども一人ひとりに向き合うには「ゆとり」，「専

門性」、「経験」の要素とともに、さらに前項の3つの観点「環境」、「内容」、「人材」が整備されることが必要である。乳児保育の場では複数担当制となることが多く、非正規職員、パート職員の占める割合が多い。保育指針においても、「子どもの主体としての思いや願いを受け止めること」、「環境を通して養護及び教育を一体的に行うこと」など保育の基本的な理念を基盤に、自尊心や自己制御、忍耐力といった社会情動スキルやいわゆる情緒的側面に関する非認知的能力を乳幼児期に身につけることが、その後の成長にとって重要である、基本的信頼感を形成すること、応答性豊かな保育と、保育実践の質を重要視したものとなっている。

　保育の現場における遊びをとおした総合的な教育の計画・実践・評価が意図をもって繰り返され、子どもとの応答的な相互作用の中で実践されることが、乳児保育の質向上につながる。このように保育指針の乳児保育の記述などが改められ、保育内容や保育の質が変化してきていることから、保育者には時代に即した情報や知識を得るための研修が重要である。外部研修で学んだことを園内研修で共有し、保育実践に生かしたり、園内研修で取り組んだことを外部研修や公開保育を通じてより理解を深めたりするなど、常に学びの姿勢をもって内外の研究をリンクさせていくことも求められる。

3 乳児保育の専門性

　乳児保育の専門性とは何であろうか。3歳以上児の保育者とどう違うのであろうか。
　まず、保育所における保育士の専門性について確認していく。保育士の専門性として、保育指針解説には、① 発達援助の知識・技術、② 生活援助の知識・技術、③ 環境構成の知識・技術、④ 遊びを豊かに展開する知識・技術、⑤ 関係構築の知識・技術、⑥ 保護者に対する相談・助言の知識・技術の6つが示されている（表9-1）。この中で特に3歳未満児を対象として考えると、成長・発達が著しく、生活のすべてを大人にゆだねている3歳未満児は、① と ② に関してきめ細やかなスキルが必要であろう。③ に関しては、衛生的で安全な環境が優先される一方、子どもの主体的な意欲を想起されるような環境づくり、④ では発達に適した遊びの選択、⑤ では、1歳前後になると保育所における他の子どもへの関心が出てくる。まだいっしょに遊ぶことはできないが、保育者が仲立ちとなって他の子どもとの関係をていねいにつくり上げていく時期でもある。これら ① から ⑤ までの専門性を生かして、⑥ 保護者支援を行っていくわけであるが、特に保護者支援の重要性は、3歳未満児に需要が多いことから必要な役割であると言える。

　2017年の改定で保育指針の乳児保育では、乳児（0歳）と1歳以上3歳未満児（1・2歳）についての記述が充実した。具体的には第2章　保育の内容の中に「乳児保育に関わるねらい及び内容」と「1歳以上3歳未満児の保育に関わるねらい及び内容」という項目が新設され、そこで3つの視点「身体的発達」、「社会的発達」、「精神的発達」を支えること、また1・2歳児では「健康」、「人間関係」、「環境」、「言葉」、「表現」という5領域の内容に準じながら3歳以上の育ちの姿を意識して保育を行うことが示された。

表9-1 保育士の専門性

① 発達援助の知識・技術	子どもの発達に関する専門的知識を基に子どもの育ちを見通し，その成長・発達を援助する技術
② 生活援助の知識・技術	子どもの発達過程や意欲を踏まえ，子ども自らが生活していく力を細やかに助ける生活援助の知識・技術
③ 環境構成の知識・技術	保育所内外の空間や様々な遊具や素材等の物的環境，自然環境や人的環境を生かし，保育の環境を構成していく技術
④ 遊びを豊かに展開する知識・技術	子どもの経験や興味・関心を踏まえ，様々な遊びを豊かに展開していくための知識・技術
⑤ 関係構築の知識・技術	子ども同士の関わりや子どもと保護者の関わりなどを見守り，その気持ちに寄り添いながら適宜必要な援助をしていく関係構築の知識・技術
⑥ 保護者に対する相談・助言の知識・技術	保護者等への相談・助言に関する知識・技術

資料）厚生労働省：保育所保育指針解説，2018より作成

　ここからいえることは，乳児保育者には単なる子守や託児ではなく，専門職としての3歳未満児の育ち，保護者の子育て，地域の親子の子育てを支えていく力量が求められているということであろう。3歳未満児に必要な保育を「見える化」し，保育の場，保育者が中心となり保護者，地域とともに健やかな子どもの育ちを支える体制づくりが大切である。

　この時期独特の保育の課題として，保育指針にあるように，言葉で思いを伝えることができない乳幼児の欲求を泣き声や表情，動作で読みとる感性，衛生的で安心・安全な環境を構成する確かな技術，子どもと愛着関係を育むことのできる保育実践力が乳児保育に求められる専門的能力ともいえる。

> （ウ）　内容の取扱い
> 　上記の取扱いに当たっては，次の事項に留意する必要がある。
> 　① 保育士等との信頼関係に支えられて生活を確立していくことが人と関わる基盤となることを考慮して，子どもの多様な感情を受け止め，温かく受容的・応答的に関わり，一人一人に応じた適切な援助を行うようにすること。
> 　　　　　　　　　　保育所保育指針　第2章　保育の内容　1　(2)　ねらい及び内容　イ

> イ　一人一人の子どもの生育歴の違いに留意しつつ，欲求を適切に満たし，特定の保育士が応答的に関わるように努めること。
> 　　　　　　　　　　保育所保育指針　第2章　保育の内容　1　(3)　保育の実施に関わる配慮事項

子どもの健康課題と保育

(1) 子どもの健康をめぐる現状と課題

　日本の乳幼児の死亡率低下は世界の最高水準まで達している。しかし，大気・水質・食品の汚染，加工食品や外食産業の増加，メディア産業の増大などの社会生活や社会環境の著しい変容は，子どもの発達・健康に大きな影響を及ぼしている。子どもや保護者を取り巻く環境の変化や子どもの生活や遊びの変化から，生活リズム，食生活などの課題がクローズアップされている。また，直接経験の不足，子ども同士の関わりや子ども集団の衰退等，子どもの育ちについても多くの課題がある。肥満・アレルギー疾患・体力低下など身体的な健康問題を抱えた子ども，情緒不安定できれやすい子ども，我慢できない子ども，不登校・うつ病・慢性疲労など心の問題をもつ子どもが増えている。本項では，乳児保育として見逃すことができない，虐待，アレルギー疾患，乳幼児突然死症候群について解説する。

(2) 虐　　待 （第7章第3節参照）

　児童相談所における児童虐待の相談対応件数は，年々増加している。「子ども虐待による死亡事例等の検証結果等について（第14次報告）」（平成28年度）によると，死亡事例67例（77人）のうち，「心中以外の虐待死」は49例（49人）で，「心中による虐待死」は18事例（28人）であり，心中以外の虐待死では，0歳児が32人（65.3％）ともっとも多く，特に0歳児のうち月齢0か月児が16人（50％）と高い割合を占めている。主たる加害者は実母が30人（61.2％）という状況からは，保育所等における支援および地域関係機関との連携がいっそう重要となる。

　保育指針解説によると，「第4章　子育て支援　2　保育所を利用している保護者に対する子育て支援　（3）　不適切な養育等が疑われる家庭への支援」があり，虐待の疑いのある子どもの早期発見と子どもやその家族に対する適切な対応は，子どもの生命の危険，心身の障害の発生の防止につながる重要な保育活動と位置づけられる。保育の場における虐待の早期発見の役割を重視し，虐待が疑われる場合には，関係機関と連携し，家族の養育態度の改善に努めることや通告の役割も明記されている。つまり子どもの虐待に対して，保育の場，保育者には，虐待の早期発見の役割，通告の役割，関係機関との連携の役割，援助の役割が求められているのである。

　保育の場における支援は，保護者に対する支援と子どもに対する支援がある。保護者に対する支援としては，延長保育の提供などにより育児負担の軽減をする，虐待する保護者に対して子育てがうまくできない親としてカウンセリングの心をもって受容し共感していくこと，家事や育児の仕方をアドバイスする，保護者がうつ病などの病気を抱えていたり，子どもの障害・貧困等いろいろな問題を抱えている場合には，保健所や児童相談所

等，地域にある専門諸機関の活用方法を教えるなどの援助が可能である。その際には担任保育者だけではなく園長（施設）を中心に保育の場の中で連携し協力体制をとることが大切である。子どもに対する支援では，子どもとの信頼関係を築くこと，試し行動を繰り返す場合には，問題行動の背景にある原因に気づき，行動特徴をよく理解したうえで根気強く，温かい保育者の援助が求められる。

(3) アレルギー疾患 （第7章第3節参照）

　日本における食物アレルギーを有する子どもの割合は4.0％であり，年齢別では，0歳が6.4％，1歳が7.1％，2歳が5.1％，3歳が3.6％，4歳が2.8％，5歳が2.3％，6歳が0.8％である。年齢月齢が小さいほど食物アレルギーには注意を払う必要がある。特に，乳幼児では，初めて食べる食品で症状が出ることが多い。そのため保育の場において初めて摂取するということがないように保護者との連携のもと離乳食を進めていく必要がある。

　食物アレルギーで配慮が必要なのは給食のときだけではない。小麦粉粘土や牛乳パックなどの保育教材や食物栽培，豆まきなど日常の保育場面の中でも配慮が必要である。

(4) 保育の場における睡眠中の事故による死亡

　睡眠中に乳幼児が死亡する原因としては，窒息などの事故のほかに，乳幼児突然死症候群（SIDS）があげられる（第7章第1節参照）。

　幼児教育・保育施設では，2015（平成27）～2017（平成29）年の3年間に全国の保育所や認定こども園などで35件の死亡事故があり，そのうち睡眠中の死亡事故が25件であった。その中でうつぶせ寝が7割であったという（内閣府，2018）。また，入園から30日以内の発生が34％であった。保育所における3歳未満児の割合が増加していること，保育の場が拡大し多様化していることから，睡眠時の安全確認・チェックは重要な課題である。

　保育の場では見守り（観察・睡眠チェック表記録）に専念できる環境づくりが必要で，睡眠中がもっとも突然死の危険度が高いという「子どもの安全を最優先とする」意識の徹底をする。万一に備えて，心肺蘇生法，AED（自動体外式除細動器）の操作研修の実施，状況に応じた役割分担の訓練の実施が必要である。

■参考文献
- 堀　浩樹・梶　美保：保育を学ぶ人のための子どもの保健，建帛社，2019
- 厚生労働省 HP：保育所等関連状況取りまとめ（平成 30 年 4 月 1 日）
  https://www.mhlw.go.jp/content/11907000/000350592.pdf
- 厚生労働省 HP：子育て安心プラン
  https://www.kantei.go.jp/jp/headline/taikijido/pdf/plan1.pdf
- 厚生労働省 HP：子ども虐待による死亡事例等の検証結果等について（第 14 次報告）
  https://www.mhlw.go.jp/stf/seisakunitsuite/bunya/0000173329_00001.html
- 厚生労働省 HP：保育所等における保育の質の確保・向上に関する検討会
  https://www.mhlw.go.jp/stf/shingi/other-kodomo_554389.html
- 厚生労働省：保育所保育指針解説，2018
- 内閣府 HP：特定教育・保育施設等における事故情報データベース
  http://www8.cao.go.jp/shoushi/shinseido/outline/index.html#database
- 厚生労働省：保育所におけるアレルギー対応ガイドライン（2019 年改訂版），2019
  https://www.mhlw.go.jp/stf/seisakunitsuite/bunya/0000123473.html

第Ⅱ部
実 践 編
模擬授業・実習のヒント

第10章 乳児保育の一日

　乳幼児期は，著しい発育・発達がみられる時期であり，特定の大人との応答的な関わりを通じて，情緒的な絆が形成されるなど，人格形成の基礎をつくる大切な時期である。この時期，保育所等において，長時間の保育を受ける子どもたちも増えてきた。子どもたちが保育の場で安定した生活を送り，充実した活動（生活や遊び）をして過ごせるよう，家庭との連携が必要となる。一人ひとりの家庭での生活状況や発達過程を考慮しながら，保育の場での生活リズムや保育者による必要な援助について，十分検討していく必要がある。

　そこで，この章では，3歳未満児（0〜2歳）のそれぞれの登園から降園までの時間経過にそって一日の保育活動の流れをとらえる。

　月齢・年齢ごとの発達特徴を考えながら，子どもの一日の流れがどのように構成されているのかを理解しよう。そして，保育所保育指針に述べられているような「養護」や「教育」がどのように配慮されているのか，さらに，「養護と教育の一体化」がどのような場面でみられるのかを考えながら，事例を学んでほしい。

0歳児保育の一日

(1) 一人ひとりの生活リズムを大事に

　保育の場には，子どもを産前産後休業明け（生後57日目）から入所が可能である。寝返り，腹ばい，四つばい，高ばい，つかまり立ち，伝い歩きといった移動運動や手指の運動発達，認識機能は，この1年で著しく発達していくことから，一人ひとりの発達状況を把握し，必要な援助を検討して関わっていくことが大切である。

　また，月齢によって，生活リズムが変化していき，授乳・食事，睡眠，排泄，遊びなどの時間も月齢や個人差が顕著であるため，発達段階を考慮し，一人ひとりの生活リズムに配慮した保育の実施や環境づくりが重要となる。特定の保育者と生活や遊びの中で，応答的に関わることにより，愛着を形成することを促し，情緒の安定を図ることができ，安心した気持ちで保育の場の生活を送ることにつながる。全体的に，養護に関わる活動が多いが，好きな遊びの時間などには，教育的視点も配慮される。

（2）０歳児クラスの一日の生活（活動）の流れ（例）

時刻	内容
7：00〜9：00	順次登園，視診 ＊健康状態の把握（顔色，機嫌，皮膚の状態などを視診する）。 ＊家庭での朝の体温や便の状態，ミルクの量などを確認する。 好きな遊び ●あやしてもらったり，好きな遊びを選んで遊ぶ。 おむつ替え ＊一人ひとりの排泄間隔に合わせて行う。
9：00	個別睡眠
9：30	朝の会（あいさつ・出欠確認） ミルク，おやつ（完了期児） ＊乳児の登園前の授乳時間から間隔を空けて授乳する。 おむつ替え ＊一対一で，やさしく語りかけながら行う。 ＊健康状態の観察も行う。 検温
10：00	その日の遊び（発達に配慮した個人・クラスでの遊び），沐浴 ●室内遊びや戸外遊び，外気浴などを行う。 ●個々の月齢や発達，欲求などに合わせたおもちゃなどで，ひとり遊びを楽しんだり，保育者と関わって遊ぶ。
10：30	おむつ替え 離乳食（初期食・中期食・後期食），ミルク ●一人ひとりの月齢に合わせた離乳食やミルクを飲む。
11：00	離乳食（完了食），ミルク 好きな遊び 汚れた衣服・おむつ替え
12：00	午睡 ●一人ひとり睡眠をとる。
14：00	おむつ替え，着替え 検温
14：30	ミルク・おやつ（後期食・完了食） ＊個々の授乳時間，捕食量に合わせて授乳する。
15：00	好きな遊び ●あやしてもらったり，好きな遊びを選んで遊ぶ。
16：00	おむつ替え ＊おむつ替え，身だしなみを整え，一人ひとりの健康状態，合同保育と延長保育担当の保育者，および保護者への連絡事項を確認する。 帰りの会 順次降園
17：00	合同保育（ミルクを飲む）
18：00	延長保育

2　1歳児保育の一日

(1) 自我の芽生えを大切に

　1歳3か月頃までには，ほとんどの子どもが歩行可能となることから行動範囲も広がり，いろいろなことに興味を示すようになってくる。散歩に出かけることにより，新たに出会う物や人，社会の事象などから，理解語彙や使用語彙も少しずつ増え，言葉によるコミュニケーションがとれるようになってくる。いろいろなことに興味・関心を示すことから，基本的生活習慣（食事，睡眠，排泄，清潔，衣服の着脱など）についても，まだひとりではできないが，少しずつ自分でしようとする姿がみられるようになる。その気持ちを大切にし，できないところをうまく援助して，一日の中で，繰り返し経験することで，少しずつ，自分でできることが増えていくようになっていく。また，子どもたちが少しずつ納得して次の行動ができるように，先の活動に見通しがもてるように，ていねいに言葉がけをしたり援助したりすることが大切である。これが，養護と教育を一体的に行うということである。

(2) 1歳児クラスの一日の生活（活動）の流れ（例）

```
 7：00    順次登園，視診
~9：00     ＊健康状態の把握（顔色，機嫌，皮膚の状態などを視診する）。
           ＊家庭での朝の体温や便の状態，睡眠状況や食事の量などを確認する。
          好きな遊び
           ●あやしてもらったり，好きな遊びを選んで遊ぶ。
          おむつ替え，トイレで排泄
           ＊一人ひとりの排泄間隔に合わせ，おむつ替えをしたり，トイレに誘う。
 9：30    朝の会（あいさつ・出欠確認）
          おやつ
          おむつ替え，トイレで排泄
           ＊一人ひとりのタイミングを見計らいながら，順次，おむつ替えやトイレ
            に誘う。
10：00    その日の遊び（グループ・クラスでの遊び）
           ●室内遊びや戸外遊びを楽しむ。
11：00    おむつ替え，トイレで排泄
          昼食
           ●「いただきます」のあいさつをして食べる。
          歯磨き
          おむつ替え，トイレで排泄
          パジャマに着替え
12：30    午睡
14：30    おむつ替え，トイレで排泄
           ＊目覚めた子どもからおむつ替えをしたり，
            トイレに誘う。
          衣服に着替え
15：00    おやつ
15：30    好きな遊び
           ●好きな遊びを選んで遊ぶ。
16：00    おむつ替え，トイレで排泄
           ＊おむつ替え，身だしなみを整え，一人
            ひとりの健康状態を把握し，合同保育
            と延長保育担当の保育者および保護者
            への連絡事項を伝える。
          帰りの会
          順次降園
17：00    合同保育
18：00    延長保育
```

2歳児保育の一日

(1) 自我の拡大期をていねいに

　歩行が安定し，屋外での活動もさかんになり，運動量が増えたり，固定遊具や運動遊具を使っての全身運動を行うことによって，運動動作がなめらかになっていく。そこで，登園後や昼食前，おやつの後など，テラスや園庭に出たり，散歩に出かけたりなど，全身運動する機会を設けることが必要である。微細運動も発達し，クレヨンで絵を描いたり，粘土を細かくちぎったり丸めたりするなど，指先を使った遊びに興味をもつようになる。象徴機能の発達により，ままごとやヒーローごっこなどのごっこ遊びを喜んでするようになる。また，個人差がかなりみられるが，言葉の発達が著しく，いろいろな物に興味をもち，名称を尋ねたり，大人の発した言葉をまねしたりしながら新しい言葉を獲得していく。日々の生活の中で感じたことを言葉で表現したり，友だちとの関わりにおいても，言葉を使って思いを伝えたりすることが少しずつできるよう，保育者の援助や仲立ちも必要となる。

　生活や遊びの中で，大人に援助してもらっていたことも，自分でできることが増え，それが自信となって，いろいろなことに挑戦する姿がみられるようになってくる。援助がなければうまくできないことも自分ひとりでしようとしてうまくできず，かんしゃくを起すこともあるが，その気持ちを受け止めながら，ていねいに関わっていくようにすることが大切である。

(2) 2歳児クラスの一日の生活（活動）の流れ（例）

7:00 ～9:00	順次登園，視診 ＊健康状態の把握（顔色，機嫌，皮膚の状態などを視診する）。 ＊家庭での朝の体温や便の状態，睡眠状況や食事の量などを確認する。 好きな遊び 　●好きな遊びを選んで遊ぶ。 　●片づけをする。
8:30	自分のクラスに移動 朝の身支度 　●通園かばんから，連絡ノート・出席帳・おたよりばさみ・タオル等を出す。 　●出席帳にシールを貼り，タオルをタオルかけにかける。 　●着替えをする。 あいさつ，手洗い 　＊一人ひとりの排泄間隔や登園してきた時間を見計らって，排泄に誘う。 好きな遊び，散歩など 保育者といっしょに片づけ 排泄，手洗い，うがい

時刻	内容
9：30	朝の会（あいさつ，出欠確認，朝の歌・季節の歌） おやつ（例：4〜9月；おやつ，10〜12月；牛乳，1月；なし） 排泄，手洗い ＊一人ひとりのタイミングを見計らいながら，順次，トイレに誘う。
10：00	その日の遊び（クラスでの遊び） ●室内遊びや戸外遊びを楽しむ。 ●片づけをする。
11：15	排泄，手洗い 食事の用意（おはし，おしぼり等） 昼　食 ●「いただきます」のあいさつをして食べる。 歯磨き おはしやおしぼり等の片づけ 排泄，手洗い パジャマに着替え
12：30	午　睡
14：30	目覚め 排泄，手洗い ＊目覚めた子どもから，トイレに誘う。 衣服に着替え
15：00	おやつ
15：30	好きな遊び ●好きな遊びを選んで遊ぶ。 ●片づけをする
16：15	排　泄 ＊身だしなみを整え，一人ひとりの健康状態を把握し，合同保育と延長保育担当の保育者および保護者への連絡事項を伝える。 帰りの身支度 ●通園かばんに，連絡ノート・出席帳・おたよりばさみ・タオル等を片づける。 ●着替えをする。 帰りの会（季節の歌，先生のお話，あいさつ）
16：30	好きな遊び 順次降園
17：00	合同保育
18：00	延長保育

■参考文献
・松本園子編著：乳児の生活と保育，ななみ書房，2015
・社会福祉法人あすみ福祉会　茶々保育園グループ編：新訂　見る・考える・創りだす乳児保育　養成校と保育室をつなぐ理論と実践―，萌文書林，2014

写真提供：社会福祉法人心育会　さつきこども園

第11章

生活と援助

1　乳児保育の生活援助

(1) 食　事

1) 乳幼児期の栄養

3歳未満児（0～2歳）には成長・発達に応じた栄養が必要である。必要な栄養素の量は，体重あたりに換算すると大人に比べて非常に多い。子どもにとっての食事は，単に栄養素をとることが目的ではない。食を通して心身の成長・発達を促すことも目的のひとつである（表11-1）。

2) 乳幼児期の食

乳幼児期の発達は目覚しいものがあり，食物に関する興味・関心などの精神機能の発達と密接な関係がある。

乳児期では，母乳・人工乳，離乳食などがおもなものである。母乳は消化・吸収がよく免疫力に富み，ミルクアレルギーの心配が少なく，清潔に適切な温度で栄養を与えること

表11-1　子どもの栄養の特性

- ・体重あたりのエネルギー・栄養素の必要量が成人より多い。
- ・成長・発達，食行動，摂取量など個人差が大きい。
- ・摂食行動の自立および食環境が知能面，情緒面に大きく影響する。
- ・適正なエネルギーや栄養素の幅が狭く，過不足時の影響が大きい。

表11-2 食行動の発達

4か月	舌や歯茎で固形物をつぶすことができる。
6～8か月	自分で哺乳瓶を持って飲むことができる。
6～7か月	咀嚼が可能となる。
7～9か月	食べ物を反復して咀嚼できる。
8か月	手づかみで口に持っていく。
10か月	スプーンを握り口へ持っていく。
1歳～1歳半	コップと茶碗を使うことができる。
2歳半	スプーンと茶碗を両手で使う。

ができる。人工乳は育児用のミルクとは別にアレルギーなど，疾患のある子どもに対応するものなどいろいろな種類がある。離乳とは乳汁栄養から幼児食に移行する過程をいう。離乳は乳児の食欲，摂食行動，成長・発達や家庭の食習慣等を考慮して進められる。

幼児期では，1日3回の食事摂取では必要量の栄養素をとることが難しいため，1日1～2回の間食が必要となる。間食の必要量は1～2歳で100～150kcal/日程度である。また，この時期はカルシウム，鉄の摂取が不足する傾向があり，栄養を考慮した間食が必要となる。

月齢・年齢が上がるごとに食行動は発達し，できることが増えていく（表11-2）。発達の過程は一人ひとり異なることをしっかり考慮し，適切な食事がとれるように配慮することが大切である。

なお，授乳・離乳をとおして，子どもの健やかな成長・発達をめざし，2007（平成19）年に厚生労働省が策定した「授乳・離乳の支援ガイド」が2019（平成31）年3月に改定された。

3）保育の場における食育

1日の生活時間の大半を過ごす保育の場における食事はとても大切である。「食を営む力」を培うことを目的に，2004（平成16）年に厚生労働省から食育の指針として「楽しく食べる子どもに」が提示されている。保育の場における食育は「楽しく食べる子ども」に成長していくことを期待して，「お腹がすくリズムのもてる子ども」，「食べたいもの，好きなものが増える子ども」，「一緒に食べたい人がいる子ども」，「食事作り，準備に関わる子ども」，「食べ物を話題にする子ども」の5つの姿を目標としている。

(2) 排　泄

1）排　尿

乳児の腎機能は未熟で尿濃縮力が低いため尿量が多く，排尿回数も1日に20回前後と多い。乳児は尿意の自覚ができず，生後3か月頃までは排尿も反射である。しかし1歳過ぎ頃より神経系統の発達が進み，膀胱にたまる尿量も増えてくる。1歳半から2歳頃になると尿意を自覚し，排泄前に動作や言葉で周囲に知らせるようになる。そのためこの頃よりトイレットトレーニングを始めるとよい。

2）排　便

排便の自立は排尿より遅く，3歳頃に確立する。4〜5歳頃にはトイレットペーパーを使った後始末までできるようになる。

(3) 睡　眠

子どもの睡眠時間には個人差がある。生後8か月頃から昼寝は午前と午後の各1回になり，1歳2か月頃から午後1回になることが多く，成長とともに睡眠時間が短くなっていく。子どもにとっての睡眠は休息と身体と脳の成長のためには非常に重要である。最近，夜22時以降に就寝する子どもが増えている。保護者の仕事や社会の環境の変化に伴って夜型になっていることが影響している。しかし，子どもの身体的・精神的な成長・発達のためには生活習慣を整えていくことが必要である。保育者は家庭生活を含め24時間を視野に入れ，睡眠リズムを確立していくための関わりを工夫していくようにする。

(4) 衣　服

子どもにとって衣服は身体の健康・安全を守る重要な役割を果たしている。近年，子ども服のひもに起因する事故や，危険を感じたとの報告があり，事故を未然に防ぐことを目的とし，経済産業省は13歳未満が着る服のひもについて安全基準を策定した（図11-1）。

子どもの衣服は，保湿性や吸湿性，通気性に優れた衛生的で，身体の大きさに合ったものであることが大前提である。また，着脱しやすく，動きを阻害しないものが好ましく，丈夫で洗濯に耐えるものであれば，より望ましい。さらには，着脱行動の発達（表11-3）を促すような衣服を選択したい。

図11-1　子ども服のひもに関する安全基準
出典）経済産業省

表11-3　着脱行動の発達

1歳半～2歳	靴下や帽子を自分で脱ぐ。
1歳半	パンツやズボンを途中まで脱ぐ。
2歳	パンツやズボンなどを自分ではこうとする。
3歳	簡単な衣服は自分で着脱しようとする。

(5) 清　潔

　子どもの皮膚は，新陳代謝がさかんで活動量も多いため汚染されやすく，体表面積に比べ汗腺が多く，汗をかきやすいのが特徴である。また角質層が薄いために保湿機能が低く，脂質の分泌量が少ないことから皮膚の保護作用が弱い。子どもの生活習慣獲得のため，保育者は清潔な環境を整え，清潔が心地よいものであることを子どもに体験させることが必要である。

2　生活および養護技術の援助

(1) 抱き方・寝かせ方

　子どもにとって抱っこはスキンシップを図る大切な機会である。目と目を合わせてコミュニケーションを図ることで安心感や満足感が得られ情緒の発達を促すことができる。

1) 首がすわる（生後3～4か月頃）までの抱き方

① 声をかけながら両手で頭をそっと持ち上げ，片方の手のひらで乳児の後頭部から首の下を支える。
② もう片方の手のひらを股の間から差し入れて，おしりを支えてそっと抱き上げる。
③ 頭部側の手を乳児の反対側の肩の辺りまでそっと滑らせ，乳児の後頭部を肘の内側に載せ，包むように支える。
④ もう片方の手でおしりを支え，乳児の頭をやや高くし，保育者の腕にしっかりと抱きしめる。

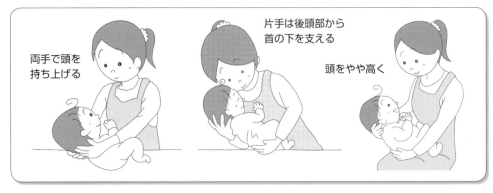

【注意点】
・足は自由に動かせるようにし，乳児の自然な姿勢を保持し，無理に足をそろえたり，伸ばしたりしない（股関節脱臼の予防）。

2) 首がすわってからの抱き方
① 声をかけながら両手で乳児の両脇に手を差し入れる。
② 両脇を支えながら上半身をゆっくり起こし抱き上げる。このときに手を引っ張って起こすことはしてはいけない。
③ 片方の手と腕におしりを載せて全身を支え，もう片方の手で脇や背中を支える。その際，足は自由に動かせるようにし，乳児の自然な姿勢を保持し，無理に足をそろえたり，伸ばしたりしない。
④ 保育者の腰骨の上に乳児を座らせると安定し，長時間抱っこをしていても疲れにくくなる。

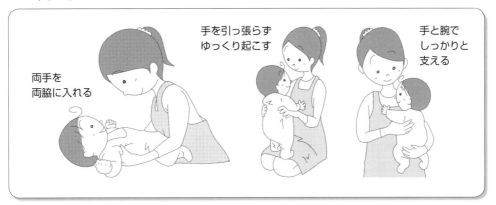

【注意点】
・首がすわった乳児は縦に抱くことができるが，体幹の筋肉が十分に発達していないときは片方の手で背中を支える必要がある。

3) 首がすわるまでの寝かせ方
① 抱っこしていた乳児を寝させる場合，おしりをベッドに下ろし，下半身を安定させる。
② おしりを支えていた手で頭部を支え，首を支えていた手を抜く。
③ 頸部から後頭部を両手で支えながら，ゆっくりと頭部を下ろす。

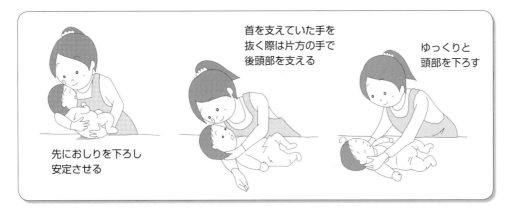

(2) おんぶの仕方（ひとりでの背負い方）

　首がすわり，体幹の筋肉がしっかりし，ひとり座りができるようになってきたらおんぶは可能となる。乳児を保育する際，おんぶすることで保育者の両手が使えるため大変便利である。しかしながらおんぶされる経験の少ない乳児をおんぶすることはなかなか困難である。災害時の避難など必要に迫られることもあるため，日頃よりおんぶの経験をさせておくことも必要である。

① 声をかけながらおんぶひもの背あての部分に子どもの背をあて，足をとおす部分にしっかりと足をとおす。
② 子どもの脇の下をとおしたひもを子どもの胸の前で握り，保育者の膝の上に座らせる。
③ 前かがみになり腕を使い子どもを背中側にまわす。
④ 上ベルトを左右の肩にかけ，前かがみになり片方の手で子どものおしりを支えながら位置を調整する（保育者の頭の下あたりに子どもの頭がくるようにする）。
⑤ 胸の前で肩にかけたひもを数回ねじり，両脇のリングにとおしてしっかりと結ぶ。

【注意点】
・授乳直後は嘔吐予防のためにもおんぶを避ける。
・しっかりとしたおんぶひもを選択すること。
・安全のためなるべく他者に手伝ってもらうとよい。
・途中で眠った場合はすぐに降ろして休ませる。
・あまり長時間おんぶしたままにしない。
・保育者の髪が子どもにあたらないよう束ねておく。
・ヘアピンなど背中の子どもにとって危険なものは使用しない。

(3) 排泄の援助

乳児期は脳の発達が未熟なため，排便や排尿を自分でコントロールすることはできない。排泄の自立が可能となるまではおむつを使用し，排泄のたびにこまめに交換する必要がある。

現在はさまざまな種類の紙おむつがつくられ，紙おむつを使用している保育の場が多くなってきている。しかし，保護者の方針や保育の場の方針により布おむつを使用している所もある。それぞれのメリット・デメリットを十分に理解したうえで選択していきたい（表 11-4）。

表 11-4 布おむつと紙おむつの比較

	メリット	デメリット
布おむつ	・繰り返し使用できるので経済的。 ・汚れても洗えばよいのでごみが出ない。 ・尿や便が出たときに濡れたことを感じやすく，感受性を育みやすい。	・園外保育のときなどおむつ，おむつカバーなど荷物が多くなる。 ・感染時等，処理に手間がかかる。 ・洗濯の負担が大きい。
紙おむつ	・吸水性に富み，もれにくい。 ・洗濯の手間が省ける。 ・衛生的。 ・月齢に合わせたさまざまなサイズがある。 ・園外保育のとき等外出時にかさばらず持ち運びが便利。	・使い捨てのためごみがたくさん出る。 ・尿や便が出たときに濡れたことを感じにくく，感受性を育みにくいことが指摘されている。 ・おむつ交換によるスキンシップの回数が減少する可能性がある。 ・経済的負担が大きい。

1）布おむつの仕方

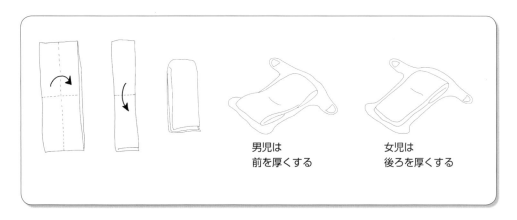

① 子どもに声をかけながらおむつを開き，足を引っ張らずにおむつを外す。
② おしりを持ち上げて新しいおむつをおしりの下に差し込む。
③ 足が自然な形に開くようにおむつをあて，おむつがへそにあたらないようへその下で折り返す。
④ 腹部を圧迫しないようにへその下でおむつカバーを止める。その際指が2本入るくらいに止める。
⑤ おむつカバーからおむつがはみ出していないことを確認する。

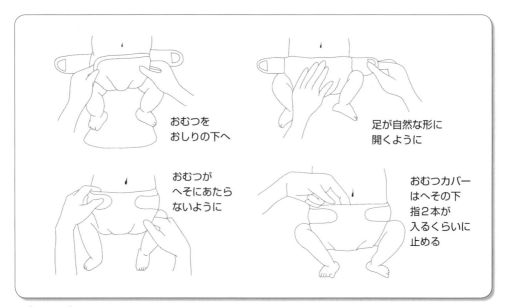

【注意点】
・おむつは汚れたらそのつど交換する。
・乳児は腹式呼吸をしているため，腹部を圧迫しないようへその下でおむつをつける。
・おむつ替えシートを使用し，感染防止に努める。
・おむつを替えるときに足を引っ張ると股関節脱臼の危険性があるため，手でおしりを持ち上げる。
・保育者の手を介して感染を広げないためにも，おむつ交換はひとり終わるごとに手袋を交換し，手をよく洗う。

2) トイレットトレーニング　誘導の方法

　ひとり歩きができるようになり，簡単な大人の言葉が理解でき，尿意に関する言葉が表現できるようになった頃から始める。この頃になると膀胱の容量も大きくなり，1回の尿量も多くなる。これらの条件が整ってくるのは1歳3か月頃から1歳6か月頃といわれているが，個人差も大きい。またトイレットトレーニングの過程は始める季節によっても異なる。冬は寒いため排尿間隔は短くなる傾向があり，またトイレに行きたがらないことも多い。訓練を始める時期は一律ではなく子どもの状況によって検討が必要である。

① 条件がそろったらおまるに誘導する。
② 強要したり，長くおまるに座らせるのは嫌がる原因になるので，出ない場合は適度に切り上げる。
③ 排尿できたら尿を見せながら「ちい出たね。えらかったね」などとほめる。
④ 成功する確率が5〜8割になったら昼間のおむつを外してみる。
⑤ 失敗しても怒ったりしない。

(4) 授　　乳

1) 粉ミルクの調乳

① 手を石けんと流水できれいに洗う。

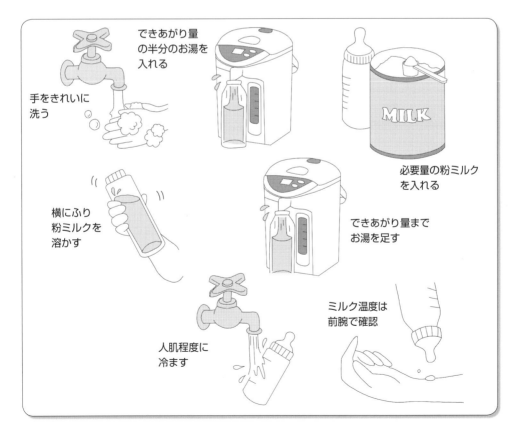

② 消毒した哺乳瓶，乳首，乳首キャップと一度沸騰した70度以上の湯，粉ミルクを準備する。
③ できあがり量の半分のお湯を哺乳瓶に入れる。
④ 必要量の粉ミルクを哺乳瓶の中に入れる。
⑤ 泡を立てないように哺乳瓶を横にふり，粉ミルクを溶かす。
⑥ できあがり量までお湯を足し，乳首，哺乳瓶キャップをつけ，再度哺乳瓶をふり混ぜる。
⑦ ミルクの温度が人肌程度（37度くらい）になるよう冷ます。
⑧ ミルクの温度は保育者の前腕に垂らして確認する。

2）冷凍母乳の取り扱い方
① 母乳パックに記されている子どもの名前と搾乳した日付を確認する。
② 日付の古い物から使用する。
③ 母乳の解凍は自然解凍または流水で行う。電子レンジや高温の湯で解凍すると免疫物質が破壊されてしまうので行わない。
④ 解凍された母乳を消毒済みの哺乳瓶に入れ，人肌程度に湯煎する。

子どもの名前と搾乳した日付を確認する!!

母乳の解凍は自然解凍か流水で!!

【注意点】
・保育の場で冷凍母乳を預かる場合は他の食品に直接ふれないように，ビニール袋に入れて冷凍保存する。

3）授乳の仕方
① ミルクの温度を確認する。
② 乳児を横抱きにし，あごの下にガーゼを置く。
③ 乳児の顔を見ながら，声をかけ授乳をする
④ 授乳後は吐乳予防のために排気させる。

【注意点】
・乳首を含ませるときには空気穴が上にくるようにする。
・授乳時間は10～15分程度を目安とする（乳首の種類，穴の大きさ等で調節する）。
・乳首の中はミルクで満たし，空気が入らないようにする。
・飲み残しのミルクや調乳後2時間以内に使用しなかったミルクは廃棄する。
・排気がなかなか出ないときは15分程度縦抱きにし，様子をみるが，それでも出ない場合は顔を横に向けて寝させる。

(5) 離乳食の援助

　母乳やミルクだけの栄養では十分でないため，母乳やミルク以外の栄養から幼児食に移行する過程を離乳といい，そのときの食事を離乳食という。離乳食を開始する目安は，生後5～6か月頃で，大人が食べている食事に興味を示し，よだれが多くなってきた頃である。

　栄養素の大部分を母乳やミルク以外の食物からとれるようになった状態を離乳の完了と

		離乳の開始　　　　　　　　　　　　　　　　→　　　　　　離乳の完了			
		以下に示す事項は、あくまでも目安であり、子どもの食欲や成長・発達の状況に応じて調整する。			
		離乳初期 生後5～6か月頃	離乳中期 生後7～8か月頃	離乳後期 生後9～11か月頃	離乳完了期 生後12～18か月頃
食べ方の目安		○子どもの様子をみながら1日1回1さじずつ始める。 ○母乳や育児用ミルクは飲みたいだけ与える。	○1日2回食で食事のリズムをつけていく。 ○いろいろな味や舌ざわりを楽しめるように食品の種類を増やしていく。	○食事リズムを大切に、1日3回食に進めていく。 ○共食を通じて食の楽しい体験を積み重ねる。	○1日3回の食事リズムを大切に、生活リズムを整える。 ○手づかみ食べにより、自分で食べる楽しみを増やす。
調理形態		なめらかにすりつぶした状態	舌でつぶせる固さ	歯ぐきでつぶせる固さ	歯ぐきで噛める固さ
1回当たりの目安量						
Ⅰ	穀類（g）	つぶしがゆから始める。すりつぶした野菜等も試してみる。 慣れてきたら、つぶした豆腐・白身魚・卵黄等を試してみる。	全がゆ 50～80	全がゆ 90～軟飯80	軟飯90～ ご飯80
Ⅱ	野菜・果物（g）	^	20～30	30～40	40～50
Ⅲ	魚（g）	^	10～15	15	15～20
	又は肉（g）	^	10～15	15	15～20
	又は豆腐（g）	^	30～40	45	50～55
	又は卵（個）	^	卵黄1～ 全卵1／3	全卵1／2	全卵1／2～ 2／3
	又は乳製品（g）	^	50～70	80	100
歯の萌出の目安			乳歯が生え始める。	1歳前後で前歯が8本生えそろう。	
					離乳完了期の後半頃に奥歯（第一乳臼歯）が生え始める。
摂食機能の目安		口を閉じて取り込みや飲み込みが出来るようになる。	舌と上あごで潰していくことが出来るようになる。	歯ぐきで潰すことが出来るようになる。	歯を使うようになる。

※衛生面に十分に配慮して食べやすく調理したものを与える

図11-2　離乳の進め方の目安
出典）厚生労働省：授乳・離乳の支援ガイド（2019年改定版），2019年3月

いい，1歳～1歳3か月頃に完了する場合が多い。

　食事は食育の観点から自分で食べたいという意欲を大切にし，楽しくし食べられるように支援していくことが求められている。そのために保育者はゆったりとした気持ちで話しかけながら食事介助を行い，周囲の人といっしょの食事や手づかみで食べることなどを楽しむ体験を増やしていく。

① 食事の前には手洗い，もしくはおしぼりで手をふき，エプロンをつける。
② 椅子等に座らせる。
③ 適度な量を口の中に入れ，口の中の物を飲み込んだことを確認してから次の物を入れるようにする。
④ 食事時間は30分程度を目安にする。
⑤ 嫌がったときは無理強いせず，空腹のときに再度試みる。また調理方法や盛りつけなどを工夫するとよい。
⑥ 離乳食を食べた後に月齢に応じて母乳やミルクを飲ませる。
⑦ 口の回りと手をおしぼりできれいにふく。

(6) 睡眠の援助

　乳幼児の寝具は汗や尿などの排泄物で汚れやすい。そのため，通常寝具は個人持ちの物を使用し，週末に布団やシーツを持ち帰り洗濯する。

　眠る場所は地震等の災害も想定して，家具の転倒や物が落下する可能性のある場所を避け，安全な場所を確保する。

　乳幼児突然死症候群（SIDS，第7章第1節参照）を防ぐために原則うつぶせ寝はせず仰向け寝にする。途中寝返りをしてうつぶせになった場合は，仰向けにする。また保育室を暖め過ぎないように注意し，マットレスはややかためのものを使用する。掛け布団やタオルが顔にかかっていないかを，乳児では5分ごとに，1歳を過ぎたら10分ごとに確認し，呼吸状態，顔色を観察し記録に残すことが重要である。

　午睡時は程よい暗さと静けさ，適度な温度と湿度が調節された環境が好ましい。しかしながら子どもの顔色を観察する必要があるため，遮光カーテンなどで薄暗くする必要はなく，観察できるような明るさに調節する。

3 乳児保育の環境

保育所保育指針においては，第1章　総則　1　保育所保育に関する基本原則の中で保育の環境について次のように述べている。

> （4）　保育の環境
> 　保育の環境には，保育士等や子どもなどの人的環境，施設や遊具などの物的環境，更には自然や社会の事象などがある。保育所は，こうした人，物，場などの環境が相互に関連し合い，子どもの生活が豊かなものとなるよう，次の事項に留意しつつ，計画的に環境を構成し，工夫して保育しなければならない。
>
> 　　　　　　　　　　　　　　　　　　　　　　　保育所保育指針　第1章　総則　1

また「保育の目標」については以下のようである。

> （2）　保育の目標
> （ア）　十分に養護の行き届いた環境の下に，くつろいだ雰囲気の中で子どもの様々な欲求を満たし，生命の保持及び情緒の安定を図ること。
>
> 　　　　　　　　　　　　　　　　　　　　　　　保育所保育指針　第1章　総則　1

これらは保育所保育全般をとおして示されているものであるが，特に満3歳未満児にあっては環境からの影響が年長児に比べて大きいことはいうまでもない。3歳未満児にふさわしい環境とは，保健衛生的であることはもちろん，子どもたちにとって安心できる場でなければならない。

児童福祉施設の設備及び運営に関する基準では，総則において「明るくて，衛生的な環境において素養があり，かつ，適切な訓練を受けた職員の指導により，心身ともに健やかにして，社会に適応するように育成されることを保障する」ことが示されている。児童福祉施設の設備及び運営に関する基準における保育士の数は表11-5のように定められている。

表11-5　児童福祉施設の設備及び運営に関する基準における保育士の数

月年齢	年齢別クラス	保育士1人あたりの乳幼児数
乳児（1歳未満児）	0歳児クラス	おおむね3人に保育士1人以上
満1歳以上満3歳未満	1・2歳児クラス	おおむね6人に保育士1人以上
満3歳以上満4歳未満	3歳児クラス	おおむね20人に保育士1人以上
満4歳以上	4・5歳児クラス	おおむね30人に保育士1人以上

(1) 保育室の環境

　保育所は児童福祉法に位置づけられた福祉施設であり，その基準は児童福祉施設の設備及び運営に関する基準に示されている。特に乳児に関する箇所は表11-6のとおりである。
　保育室は，子どもが元気に遊んだり学んだり，ごはんを食べたり，1日の中の多くの時間を過ごす大切な空間である。安全が確保された，明るく開放的な雰囲気の部屋がよい。表11-7に望ましい環境条件を示す。

(2) 自然環境

　子どもが成長する過程で自然とふれ合ったり，自然な環境の中で生活することはとてもよいことである。自然の光や風，新鮮な空気などを保育室内に入れることは子どもたちの健全な発達になくてはならない。室内やテラスに切り花や鉢植えなどを置いたり，プランターや花壇に季節の植物を植えるのもよいだろう。また，砂や遊具の安全面に配慮した園庭や，雨の日や日差しが強い日でも遊ぶことができるテラスの活用なども考え，子どもたちが可能な限り自然環境にふれることのできる場を設定することが保育者に望まれる。

表11-6　保育所の児童福祉施設の設備及び運営に関する基準

	2歳未満児	2歳以上児
設　備	乳児室またはほふく室，医務室，調理室および便所	保育室または遊戯室，屋外遊戯場，調理室，便所，屋外遊戯室
子ども1人あたりの面積	乳幼児一人につき1.65平方メートル以上 ほふく室同じく3.3平方メートル以上	保育室または遊戯室幼児一人につき1.98平方メートル以上 屋外遊戯場同じく3.3平方メートル以上
備　品	室内すべり台，椅子，ブランコ，歩行器，手押車 医療器具，医薬品，衛生材料	楽器，黒板，机，椅子，積木，絵本，砂場，すべり台，ブランコ
備　考	耐火建築，不燃材料，火災報知器，防火処理	

表11-7　保育室の環境条件

温　度	夏期は25℃～28℃，冬期は18℃～20℃くらいが望ましい。 冷暖房を利用し，適切な温度（外気との温度差が5℃以下）に保つ。
湿　度	50％～60％が望ましい。各部屋に温度計・湿度計を設置し確認する。加湿器やエアコンの除湿機能などで調節する。
換　気	感染予防の観点からも定期的に換気する。不快なにおいがあるときや吐物を処理するときのみではなく，1時間に2回以上の換気が必要である。
照　度	150～500ルクスがよい。日当たりがよく，1日に1回は日差しが差し込むこと。自然光線が入ることがのぞましいが，日差しが強すぎる場合はカーテンなどで調節する。

(3) 乳児保育に適した環境

1) 遊びの環境

乳児保育にふさわしいのは，大きな空間より小さく区切られた落ち着いた雰囲気の空間である。保育室は乳児の安全のためにも大人の目線では保育室全般の見通しがよく，死角がない空間に区切るのが望ましい。しかしながら落ち着いた空間を保障するために棚やロッカーで区切られることもある。子どもが落ち着いて過ごすための環境づくりとして，保育者の動線はできるだけ短く，効率よく動けるよう家具等を配置することが重要である。その場合家具は安定性があり，しっかり固定されている必要がある。また子どもが転倒してもけがが防止できるよう角が丸くなっているものが望ましい。

子どもの発達とともに活動性が高まり，行動範囲も広がる。そのため，年齢や発達段階に合わせて空間の大きさを調整していくことが必要である。

2) 食事の環境

授乳の環境は一対一で関われる空間を確保したい。子どもも保育者もゆったりと関われる環境が望ましい。

離乳食の時期も同様に一対一の環境が望ましいが，実際には2～3人同時に介助することになる場合が多い。その場合も子どもの前にはひとり分ずつの食事を並べることができるように，机の大きさや配置を考える必要がある。また食物アレルギーなど個別対応が求められる場合には，誤食が起きないように食器の色を変えたり，ネームカードをつけたり，机の配置を配慮するなど事故防止対策が必要である。

3) 排泄の環境

おむつ交換台の周囲は，汚物を持ったまま移動することがないように，おしりふきやごみ箱，手洗い場などが設置されていることが望ましい。乳児のおむつ交換台は子どもの気が散らないように視界をさえぎる設計になっているものが多い。

排泄の自立の時期にはおまるを使用したり，保育室に隣接した便器を使用することになるが，子どもが嫌がることがないよう明るい空間にする。またどのような施設であっても衛生的な環境にすることを忘れてはならない。

4) 手洗い場の環境

手洗い場の周囲に水しぶきが飛び散ったままの状態は，不潔になりがちなだけではなく，濡れている床ですべるなどの事故も考えられる。そのため，手洗い場など水回りの周囲が濡れていることのないよう，保育者がこまめにふきとることが大切である。

乳児用液体ミルク

　2018（平成30）年8月8日，乳児用液体ミルクを国内で製造・販売することが可能となった。

　乳児用液体ミルクとは，液状の人工乳を容器に密封したもので，常温で長期間保存できる。利点として，①簡便かつ安全に授乳できる，②調乳用のお湯（70℃以上）が不要，③災害時の備えに活用可能，④来日する外国人の利便に寄与することがあげられる。

　同量の粉ミルクと比べると栄養成分はほぼ同じだが，価格は割高である。使用する際には，製品によってスチール缶や紙パックなど容器が異なるため，設定されている賞味期限・使用方法が一律ではないことに留意しなければならない。また，使用方法等の表示を確認することも必要である。

■参考文献
- 汐見稔幸・無藤　隆監修：平成30年施行保育所保育指針　幼稚園教育要領　幼保連携型認定こども園教育・保育要領解説とポイント，ミネルヴァ書房，2018
- WHO：乳児用調製粉乳の安全な調乳，保存及び取扱いに関するガイドライン，2007
- 厚生労働省：保育所における食事の提供ガイドライン，2012
- 厚生労働省：授乳・離乳の支援ガイド（2019年改定版），2019
- 堀　浩樹・梶　美保編著：保育を学ぶ人のための子どもの保健，建帛社，2019

第12章

事例から学ぶ保育者と子どもの関係
——愛着，応答的，信頼関係

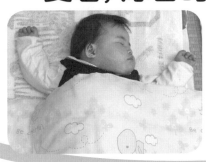

　乳児保育における保育者と子どもの基本的な関係について，保育所保育指針（以下，保育指針）には次のように示されている。

---

(1) 基本的事項
　ア　乳児期の発達については，視覚，聴覚などの感覚や，座る，はう，歩くなどの運動機能が著しく発達し，特定の大人との応答的な関わりを通じて，情緒的な絆（きずな）が形成されるといった特徴がある。これらの発達の特徴を踏まえて，乳児保育は，愛情豊かに，応答的に行われることが特に必要である。

(2) ねらい及び内容
　イ　身近な人と気持ちが通じ合う
　　受容的・応答的な関わりの下で，何かを伝えようとする意欲や身近な大人との信頼関係を育て，人と関わる力の基盤を培う。
(ア) ねらい
　①安心できる関係の下で，身近な人と共に過ごす喜びを感じる。
　②体の動きや表情，発声等により保育士等と気持ちを通わせようとする。
　③身近な人と親しみ，関わりを深め，愛情や信頼感が芽生える。
　　　　　　保育所保育指針　第2章　保育の内容　1　乳児保育に関するねらい及び内容

　上掲のように，2017年改定の保育指針では，「特定の大人」，「情緒的な絆」，「愛情豊かに」，「応答的」，「受容的」，「信頼関係」といった言葉で，子どもとの関わりの基本が強調されている。本章では，保育実践からいくつかの事例を通して，保育者と子どもの基本的な関係（愛着を育む，保育者の受容的・応答的な関わり，信頼関係を築く）とはどういうことなのかを考えていきたい。

1 愛着を育む関わり

(1) なぜ愛着が大事なのか

　愛着（attachment）は，イギリスの心理学者であるボウルビィの理論に基づくもので，「その人物に接近と接触を求める強い傾向がある」ことである。愛着行動とは「望んだ接近を実現し，維持しようとして人がそのときどきに行う行動である」[1]といわれる。このことは，ある人物が特定の他者（母親あるいは母親に代わる人物）との間に結ぶ情緒的な絆であり，この愛着行動を通して，周囲の環境について学び社会的相互作用の経験を得ることで人間関係に大きく影響し，社会性の発達につながる。

　そのため，乳幼児期における愛着の形成は，子どもの発達に大きな影響を及ぼし，心身の発達において特定の大人との関係性が重要な意味をもつ。保育者はこのことを意識し，保育をすることが求められるのである。

　低月齢で保育の場に預けられる子どもが長時間安心して過ごすためには，情緒が安定していなければならない。これまで家庭で母親（＝主たる養育者）との情緒的絆を育んできた子どもが新しい環境の中で安心して生活し遊ぶにあたっては，母親に代わって特定の保育者に対する愛着関係を形成していく必要がある。

(2) 愛着形成における保育者の役割

　保育指針解説では，情緒的な絆が形成されるためには，保育者が子どもの表情や身体の動き，泣き，喃語などで自分の要求を表現し，これに応答的に関わる特定の保育者の存在が大事であると述べられている。このことが他者への信頼関係を育んでいくことになる。乳児保育では複数担当制をとっているケースも多いが，大事なことは，「特定の保育者」がその子どもとのていねいな関わりを通して，あらゆる表情や体現から気持ちを読みとり，愛情を込めて受容するやりとりを行うことである。

　多くの乳児は6か月頃になると，身近な大人の顔がわかるようになり，あやしてもらうなど心地よい楽しみの中で，愛着関係を強めていく。その一方で，見知らぬ相手には，人見知りをするようになる。さらに9か月を過ぎると，言葉や行動で欲求や気持ちを表すようになり，理解して受け止めてもらえる大人に対してはいっそう信頼感を抱くようになる。

　以上のことからも，保育の場において健康に過ごすために必要な力を身につけ，自分が安心して過ごすことができる人との関わりを深めることが重要である。そのためには乳児の場合は特定の保育者が一人ひとりの子どもの気質や生活の仕方を十分理解し，愛情を込めて接するような体制づくりが大事である。

事例 1. 好きなおもちゃあるかな？（9 か月児）

AM10：00

9か月で入園したAちゃん。保育所では，お母さんのいない，家庭とは違う環境に不安を隠しきれず，毎日泣く日々が続いた。抱っこしても，おんぶしても，おもちゃを出しても泣いてしまう。保育者が手を出しても拒む。「好きなおもちゃあるかな？」，「絵本はどうだろう？」と保育者がAちゃんの好きそうな音の出るおもちゃや動く車，布絵本などを探して遊び出せるよう試みたが，うまくいかなかった。

その日は園にあったベビーカーに乗せ，園内中を散歩して歩く。はじめは泣き顔だったAちゃんもベビーカーをのぞき込むお姉ちゃんにニコっと笑ったり，指さしをするなど安心し始め，次第に眠るようになっていった。その頃から，保育者を求め，おもちゃでいっしょに遊ぶようになっていった。

その後，他の子が泣き出したり大きな声を出して遊び出すとAちゃんは泣き出す。そのようなときには，ベビーカーに誘い，保育者と一対一の環境やひとりのスペースをつくってあげることで落ち着いた。何日間かそのようなやりとりが続いたが，次第に部屋で過ごす時間も増え，自分からおもちゃにも手が伸びるようになっていった。

この事例では，9か月で入園したAちゃんが，初めての環境のため不安を抱き，泣いてしまう。保育者がスキンシップを図り，おもちゃを介して遊びに誘うが落ち着かない。ベビーカーを用意したことでAちゃんにとって安心できる場所をみつけることができた事例である。

このように乳児は自分の思いを，泣くことで表現するが，保育者が思いをくみ取ることが難しく「抱っこは」，「おんぶは」，「おもちゃは」，「絵本は」と提案し，Aちゃんの思いを察してあげようとする保育者の気持ちがうかがえる。家庭でも経験しているベビーカーに乗るという体験を用意することで，保育者との愛着形成のきっかけとなり，安心して眠り，今後の遊びにもつながったのではないだろうか。

乳児は，母親から離れることも集団の子どもたちの中で過ごすことも初めてである。そのため，安心できる大人（保育者）との関係を築くことが重要とされている。

この事例では，保育者がAちゃんの思いをくみ取ろうとしている姿がうかがえる。特定の保育者との愛着形成を築くときには，子ども一人ひとりの思いをていねいに受け止められる関わりを大切にしていきたい。

Q1. 初めての集団に入る乳児。Aちゃんの立場に立って，気持ちを受け止めてみましょう。どのような気持ちが伝わってきますか？

Q2. あなたが担任だったら，どのような関わりや対応をしますか？

1　愛着を育む関わり

事例2．電車が来まーす（1歳児）

AM9：30

　入園後，お母さんとの離れぎわは大泣きの子どもたち。皆，窓にしがみついてお母さんの後姿を目で追っている。

　お母さんたちも後ろ髪を引かれる思いで，何度も振り返り，子どもたちに「いってきまーす」と声をかける。子どもたちの中には，自分から絵本をとりに行き，ブロックの中にある動物をみつけるなど遊び出す子もちらほら出てきた。

　しかし，なかなか気持ちが落ち着かない1歳児のBくん。保育者が膝の上に誘っても，遊びに誘っても動かない。「お母さんと離れることがさみしいのね」，「少しでも気持ちがまぎれるといいのだけど」と保育者は感じながら，いつもBくんが遊んでいるおもちゃを思い出した。電車や車が大好きなBくん。線路を広げると一目散にそばに駆け寄り，手を出す。そこで，Bくんが手にしていた電車を走らせることにした。「電車，来まーす」と声をかけると「あっ，あっ」と電車を指さし，電車の後を追うようになった。

　保育者は，遊び出すBくんの姿を見て，ホッと胸をなでおろした。

　その後，お母さんとの離れ際に，泣けてしまうが，遊び出すまでの時間はどんどん短くなっていった。遊び出すおもちゃは，決まって電車や車であった。

　登園後，母親との離れ際，気持ちが切り替わらず，遊び出せないBくんの事例である。まだ，環境に慣れていないこともあり，登園後，保育者とスキンシップをとり，遊びに誘ってもなかなか遊び出せない姿があった。そこで，日頃Bくんが好んで遊んでいる遊びやおもちゃを把握し，そのおもちゃで遊びに誘うことで気持ちが切り替わっていった。

遊び疲れて眠る

　一人ひとり，好む遊びやおもちゃはさまざまであり，発達・成長の過程でも変化していく。そのため保育者は常に一人ひとりの興味・関心があること，物を把握することで，その子の気持ちに寄り添いながら，遊びを提供し，気持ちを切り替えるきっかけづくりをしていきたい。

Q1．お母さんとの離れ際，泣いてしまう子の気持ちに寄り添った言葉がけや行為を考えてみよう。

Q2．その次に，どのような対応をするでしょうか？

事例3．何を食べようか（1歳児）

AM11：30

　入園後，すぐに給食が始まった。家庭とは雰囲気も味も違う給食に戸惑う子どもたち。中には，机や椅子に慣れていない子もいた。

　給食が配膳され「いただきます」のあいさつをした後，保育者が食べ物を口まで運ぶが，なかなか口を開けず，泣いている1歳6か月のCちゃん。家庭での様子を聞いたところ，家でも座って食べられず，食べるまでに時間がかかるとのことだった。まずは，本児に投げかけてみよう「どうしたの？」，「大丈夫よ」と声をかけ様子をみることにしたが，一向に泣き止まない。友だちの食べている様子を見せても，保育者が食べる様子を見せても姿は変わらない。パクパクと食べ出したり，手づかみで自分から食べ出そうとしている子どもたちもいた。「みんなが食べ出していることもあり，食べ出しにくいのかな」と考え，保育者の膝の上に乗せしばらく落ち着くまで様子をみることにした。保育者の膝の上に座ることで，気持ちが和らいだのか，しばらくすると，泣き止み，落ち着いてきたところで，「おいしいよ」と食べ慣れていそうなごはんや好きそうなハンバーグを小さくスプーンに乗せると一口パクリ。その後は椅子に座っても食べ始めるようになった。

　この事例は，家庭での食事時に机と椅子に座り慣れていない子が，給食時に家庭と違う環境のためなかなか食べ出せずにいた事例である。

　家庭と保育の場では椅子や机，友だちなど環境が大きく異なり，育った環境も個々に違うため，自分で手を使い食べ進める子や大人が口に運ばないと食べようとしない子などさまざまである。ここでは，保育者がまずスキンシップを図ることで，Cちゃんは落ち着き，食べ出すきっかけにつながってきている。

おいしく食べている

　食事の場面では，子ども一人ひとりに応じた未摂取物の確認，食物アレルギー対応といったきめ細やかな配慮が必要である。さらに，安心して楽しく食事ができるようスキンシップや必要に応じて個別の対応をとるなどして，子どもの食欲増進につなげていきたい。

Q1. なかなか給食を食べたがらず，泣いています。どのようにしてほしいという子どもの要求の声が聞こえてきますか？

Q2. あなたが保育者だったら，どのような思いで食べさせますか？

保育者の受容的・応答的な関わり

　受容的・応答的な関わりとはどういうことであろうか。保育指針解説には，「9か月頃になると，身近な大人に自分の意思や欲求を指差しや身振りで伝えようとするなど，言葉によるコミュニケーションの芽生えが見られるようになる。自分の気持ちを汲み取って，それを言葉にして返してもらう応答的な関わりの中で，子どもは徐々に大人から自分に向けられた気持ちや簡単な言葉が分かるようになる」と示されている。

　子どもの気持ちや欲求をくみ取って，それをやさしい言葉で返してくれる保育者の応答的な関わりの中で，少しずつ世界が広がり理解が深まる。

　このように，保育者からの単なる愛情だけでなく，子どもが主体として受け止められ，その欲求が保育者に共感的に受容される経験を積み重ねることによって育まれる信頼関係を基盤として，子どもは世界を広げ言葉を獲得していく。

　そのため，身近な大人は十分に関わり，受け止め，子どもからの発信には言葉を添えたり，思いを代弁するなどていねいで応答的な関わりを大切にしたい。

事例4．暗いのは，嫌かな？（1歳児）

PM12：30
　集団生活が初めてのDくん。午睡ができるよう，布団を敷き，カーテンが引いてある部屋に入ると決まって泣き出す日が続いた。
　今日もまたDくんは泣いていた。他の子どもたちは，全く気にする様子をみせず布団に入るのだが，保育者が抱いても，近くでトントンしても泣き止まない。家庭での様子を聞いてみても「特に変わった様子はない」，「お母さんと添い寝をして，そのまま寝に入っている」とのことだった。「何が嫌なんだろう」，「この雰囲気が嫌なのかな」といろいろ考え，先ほどまで食事をしていた明るい部屋に行くと泣き止む姿がみられた。
　「あ～，やっぱり暗い部屋が嫌だったね」と感じ，しばらく明るい部屋にいることにした。安心したのか，時間が経つにつれて眠くなってくるDくん。寝入り込んだときにみんながいる部屋へそっと行き，ゆっくり寝れるようにしていった。

Q1． 泣き声から，眠れない子どもの声を聞きとってみましょう。

Q2． 午睡時に泣けてしまう子に対して，あなたならどのように対応するでしょうか？

事例5. ゴーゴーカーほしいのね（2歳児）

AM10：30

外遊びが大好きなEちゃん。外に出るとすべり台をめがけて走り出し、保育者の手を引っ張って歩く姿が目立つようになってきた。

雨が続く6月、園庭に出られない日が続いた。身体を動かしたい子どもたちにはつらい日が続いたため、廊下でゴーゴーカー（足けりカー）をすることにした。

ひとり一台ずつ乗るが、友だちが乗っている車に乗りたいEちゃん。しきりに保育者のほうを見たり、友だちの乗っているゴーゴーカーに触ろうとしている。「お友だちが乗っている車がいいんだよね」と感じながらも、「今はお友だちが使っているし、待てるかな」などとも思いながら、「ゴーゴーカーほしいのね。だけど、今、Zちゃん乗ってるから後で借りようね」とEちゃんの気持ちを受け止めつつ、様子をみていった。しかし、貸し借りが難しくEちゃんの待つ時間にも限界が近づき、表情が曇りかけてきた。そこで、Eちゃんの使っていたゴーゴーカーと交換してもらえるよう頼んだが難しかったため、保育者が一周押して交代するというきっかけをつくっていった。はじめはEちゃんも何が何だかわからない表情をしていたが、一周回ったら乗れるということがわかり、保育者といっしょにおとなしく待つ姿がみられ、遊びを進めていった。

この事例では、保育者がEちゃんの思いをくみ取り、代弁しながらEちゃんの思いを確認し、ZちゃんにもEちゃんの思いを伝える橋渡しをした事例である。

なかなか、言葉だけでは伝わりにくい乳児期ではあるが保育者が言葉を添え行動をすることで伝わることも多い。「後で借りようね」と声をかけ、その場は「うん、うん」とうなずいてもまたとりに行こうとする子もいる。繰り返し伝え、保育者がいっしょに待つことも大切である。待った後に「借りることができた」経験が重要であるため、必ず思いが達成できるように配慮してあげたい。

Q1. Eちゃんの思いを、あなたならどのように受け止めますか？

Q2. 友だちが使っているものをほしがり、とり上げてしまう子にあなたならどのように対応しますか？

2歳児の発達の特徴として、これまで次々と遊びが変わっていた探索活動からじっくり遊ぶ姿に変化し、「ほしい」、「こうしたい」という意欲が出てくる時期でもある。また他児への理解も進み、関心が出るため、同じことをしたがる姿もみられるようになる。そのためトラブルも多くなるが、大人が仲立ちし言葉や行動で思いを伝える機会にしていきたい。

事例6．トントンして（1歳児）

PM12：30

　入園後，半年もすると2歳を迎える子どもたちも多くなってきた。生活の流れもわかり，給食を食べるとパジャマに着替え，午睡に行く。布団があり，自分で布団の中に入る子もいるが，なかなか入ろうとしない子もいる。

　2歳になったばかりのFくんは，特定の先生が来るまで，布団に入らず，他の先生では，誘っても拒み，部屋中を走り回ったり，片づけてあるおもちゃを出しては遊んでみたりする。順番に声をかけながら，布団をかけてあげたり，トントンをする保育者。遊びながらも保育者の顔をチラッと見ているが，いつもの先生ではないと目が合ってもすぐにそらしてしまう。「そうだよね。○○先生すぐ来るよ」，「Fくん，待っててくれているのね」と思い，声をかけながら様子を見る。そして，目当ての先生が来て，Fくんの番になり「おまたせ」と声をかけるとスッと布団に入り，トントンしてもらっていた。

　この事例は，保育の場における午睡の場面である。生活の流れもわかるようになり，自分で布団を探しあてる子や布団に寝転がる子も出てくる。そのような中，保育者の顔を見ながら布団から抜け出すFくん。いつもの先生が来るまでは布団に入ろうとしないが，来るとスッと布団に入って寝る。この頃になると，保育者との関わりも深まっており，「この先生に来てもらいたい」，「この先生じゃないと嫌」という姿もしばしばみかける。これは，保育者との受動・応答のやりとりがあるからこそ出てくる行動である。さらに思いを受け止められることでさらに信頼関係が深まっていくのであろう。このような関係性を十分保つことで，特定の保育者を基盤に徐々に世界を広げていくことができるのである。乳児期では，このような関係の重要性を理解し，保育に生かしていきたい。

Q1． Fくんの気持ちに，あなたならどのように寄り添いますか？

Q2． もし，子どもに拒まれたらあなたはどのように対応しますか？

3 信頼関係を築く

　保育者が受容的・応答的に子どもと関わることで，子どもは信頼関係や愛情を育む。そのため，乳児保育を担う保育者と乳児との関わりが，重要であることはいうまでもない。そのためには，保育者は子どもが「楽しいな」，「人と関わることで安心する」といった人に向かう気持ちをもてるよう配慮していきたい。

事例7．いつもと違う（1歳児）

AM7：30
　入園後3か月が過ぎようとする6月。早朝を担当している保育者が休み，違う保育者が担当をすることになった。
　毎朝，一番に登園する1歳児のGちゃん。正門から元気に登園してきて，部屋が近くなるとすぐに泣き顔になった。「どうしたの？」，「おはよう」と声をかけても泣くばかりだった。「担当の先生がいないから不安かな？」，「いつもと雰囲気が違うかな」などと考えながら遊びに誘い，抱っこをしていったが落ち着くまでに時間がかかってしまった。
　翌日，いつもの早朝担当の保育者が受け入れるといつもと同じ笑顔になる。「やっぱり，いつもの先生がいいのね」，「笑顔が戻ってよかった」と安心した。すぐに違う保育者との関わりをもつのではなく，少しずつ声をかけたり，遊びに誘うことでその保育者を通じて次第にいつもと違う保育者でも受け入れてくれるようになっていった。

　この事例では，いつもいる保育者がおらず，雰囲気の違いから泣き出すGちゃん。Gちゃんが遊び出せるようにおもちゃや遊びに誘ってもなかなか遊び出せなかった。しかし，翌日，いつもの保育者が受け入れると，笑顔で登園するGちゃん。特定の大人との信頼関係が築かれていたことがうかがえた。
　多くの職員が対応する施設では，特定の大人との関わりが困難な時もあるが，子どもが安心して過ごせるよう配慮をしていきたい。また，特定の保育者を通じて周囲の環境にも興味がもてるようにしていきたい。

Q1．登園時，子どもが泣いていたらあなたはどうしますか？

Q2．Gちゃんの気持ちを，あなたならどのようにくみ取りますか？

事例8. 風船ちょうだい（2歳児）

AM10：00
　雨が続いた6月，戸外に遊びに行くことができずにうずうずしていた子どもたち。保育者が見るに見かねて室内で風船をいくつもふくらませて，部屋中を風船でいっぱいにした。
　子どもたちは，風船を追いかけては，手に持ち「にっこり」する。そこで，保育者がポンポンポンと宙に打ち上げた。Hくんが保育者をまねようと投げ，追いかけるが，風船を見失ってしまう。そのとき，チラッチラッと保育者のほうを見る。保育者が「どうしたの？」と声をかけると「風船，ちょうだい」という。「はいどーぞ」と風船を渡すと，また，風船を投げ遊び出す。投げては，保育者のところにとりに来ることが楽しかったのか，何度も何度も繰り返していた。

　この事例では，保育者との関係に安心感や安全基地としての関係性が成り立ち始めていることがうかがえる。保育者と同じように風船を投げてみたが，どこに行ったのかわからなくなり，保育者のところへ来る。Hくんが困ったときに保育者の顔を見て，さらに保育者が「どうしたの？」と声をかけることで遊びが継続的に行われている。このことから受容，応答からの信頼関係につながったと考えられる。
　保育者は，子どもから発信されるさまざまなしぐさから思いをくみ取り，受け応えしていきたい。

Q1. 風船を見失ったときのHくんの思いを探ってみよう。

Q2. 遊びを継続するには，あなたならどのような関わりをしますか？

子どもが遊び出しやすい環境づくり

・手の届く所におもちゃを置く
・すぐに読み出せるよう本を出す

■引用文献
1) J.ボウルビィ著，二木　武監訳：母と子のアタッチメント心の安全基地，医歯薬出版，1993，p.36

■参考文献
・豊田和子編：演習　保育内容総論　第2版，みらい，2018
・吉村真理子：0～2歳児の保育─育ちの意味を考える─，ミネルヴァ書房，2004
・村上　学：乳児の対人世界─理論編─，岩崎学術出版社，1989
・A.ゲゼル・F.L.イルグ・L.B.エイムズ・J.L.ローデル：乳幼児の発達と指導　改訂版，家政教育社，2000
・廣島大三：6歳までのアタッチメント育児，合同出版，2011
・ダビッド　オッペンハイム・ドグラス F　ゴールドスミス編，数井みゆき・北川　恵・工藤晋平・青木　豊訳：アタッチメントを応用した養育者と子どもの臨床，ミネルヴァ書房，2011
・J.ボウルヴィ著，黒田実郎ほか訳：母子関係の理論Ⅰ愛着行動，岩崎学術出版社，1976
・J.ボウルヴィ著，黒田実郎ほか訳：母子関係の理論Ⅱ分離不安，岩崎学術出版社，1977
・J.ボウルヴィ著，黒田実郎ほか訳：母子関係の理論Ⅲ対象喪失，岩崎学術出版社，1981
・庄内順一・奥山眞紀子・久保田まり編：アタッチメント　子ども虐待・トラウマ・対象喪失・社会的養護をめぐって，明石書店，2008

第13章 事例から学ぶ子どもの主体性の尊重と自己の育ち

1 自我の芽生え

(1) 乳児の姿と保育

　乳児期は，特定の大人との応答的な関わりをとおして情緒的な絆が形成され，人に対する信頼の基盤を形成していく。乳児は，お腹が空いたり，暑かったりすると泣いて訴える。不安だったり，心地が悪いときには，表情が不安定で，ぐずることもある。反対に気持ちが安定し，気分がよければ，喃語を発したり手足をばたつかせたり，笑ったりもする。乳児は大人から教えられたわけでもなく，自分の欲求をみずからの方法で表現するのである。

　乳児は，この世界に生きる主体として，その存在を温かく受け止められ，愛情豊かで応答的な働きかけにより獲得された基本的信頼感を拠り所として，自己を形成する。集団保育の場においても，乳児期は特定の保育者からの愛情に満ちた関わりをとおして，みずからが生きる世界を信頼すると同時に，この世界を生きる自分自身を肯定する経験を積み重ねることが重要である。こうして形成された自己意識が，その後の自我の芽生えを育むことにつながる。

事例1．わたしの先生が来た（0歳児クラス）

AM8：00
　保育者がひよこ組の保育室に入ると，畳の上で思い思いに遊んでいた，Aちゃん（8か月），Bくん（11か月），Cちゃん（10か月）がいっせいに振り返り，保育者を見た。すると，Bくんは，慌てた様子で保育者の所までハイハイして進むと，両手をあげて身体を大きくゆすっている。その表情からは喜びがあふれている。Bくんは，身体全体で保育者の迎えを喜び，両手を高くあげて，抱っこしてほしいとアピールしているようにみえる。保育者は「おまたせ」といい，やさしくBくんを抱きかかえた。Bくんは，安心して，満足した表情で保育者を見つめている。Aちゃん，Cちゃんは，その様子を見るとまた，自分の遊びに戻っていった。

　この事例では，保育者とBくん（11か月）との間に芽生えている情緒的な絆を感じとることができる。Z保育所の0歳児クラスでは，緩やかな担当保育制を採用している。1名の保育者が3名の乳児を担当している。特に，排泄，授乳，離乳食，睡眠，着替えなどの基本的生活習慣に関する場面では，担当する保育者がタイミングよく関わることで，特定の保育者との応答的な働きかけを積み重ねる経験を大切にしている。

　集団保育の場は，複数の子どもと複数の保育者が共同で生活する場であることから，乳児にとっては刺激の多い生活環境といえる。そこで，緩やかな担当制を採用することで，乳児は特定の保育者からの応答的な働きかけの経験を積み重ねることができる。

　乳児保育では，特定の保育者が，乳児のさまざまな欲求を受容したり不快を解消したりすると同時に，快の気持ちを共感して愛情いっぱいに関わることをとおして愛着関係が形成される。情緒的な絆で結ばれた特定の保育者の存在は，子どもたちの安心・安全な居場所となる。乳児の主体的な生活は，特定の保育者を心の安全基地として，さらに活発に展開していくのである。

Q1． 保育者は毎日，どのようなことをしてBくんとの愛着関係を築いていったと思いますか？　具体的な行動をあげながら，援助の留意点についてグループで話し合ってみよう。

(2) 1歳以上3歳未満児の姿と保育

　乳児期を安定した状態で充実して過ごした子どもは，特定の保育者との基本的信頼感を獲得し，希望に満ちた自己を形成する。保育者から愛情豊かに受容され，みずからが主体となりさまざまな外界とのふれ合い経験を積み重ねてきたこの時期の子どもは，次第に「自分でやってみたい」という自立への欲求が高まってくる。子どもは，自分で移動し，身体を自由に動かせるようになり，積極的に身近な物と関わることで，さまざまな力を獲得してきた。1歳を過ぎると，自分で歩いたり走ったり，高い所から飛び降りようとしたり，大人の手をかりずに階段を上り下りしたり，手づかみで食べ物を口に入れたり，フォークやナイフを使おうとしてみたり，大人からみると失敗する，危険だと感じることでも，自分でしたがる姿がみられるようになる。

　この時期の子どもは，身近な大人から「自分でやってみたい」という気持ちを温かく受け止められ，失敗を見守り，励まされながら，自分なりに試したり，考えたりしながら，できないことに十分に取り組む経験によって，自立に必要な意思能力を獲得するのである。子どもは，自分勝手でわがままだったり，時間がかかったり，延々と繰り返す経験をとおして，自己への実感を感じとることができる。こうした，自立へ向かう自己の育ちの過程が，自我の芽生えにつながるのである。

事例2．自分で，自分で（2歳2か月児）

AM7：30
　母親は，いつもの調子で身支度を整えて，Dくんを保育所に送っていく準備をしていた。Dくんは，自分で着替えることができない。いつも母親が着替えさせていた。しかし，この日のDくんはいつもと違っていた。母親が，いつものように靴下を履かせようと「はい，足出して」と言うと，Dくんは，母親の手から靴下をとり上げ「自分で！」と言って，母親に背を向けた。自分で靴下を履こうとしている様子である。しばらく見守ってみたものの，靴下は履けない。母親は，「靴下，かして」と手をかそうとするが，Dくんは「自分で！自分で！」と言い，靴下を渡さなかった。

AM8：00
　少し遅れて保育所に到着した。Dくんは，なんとか自分で履いた靴下を「自分で！」と，誇らしそうに担当保育者に見せている。Dくんの姿と脱げそうな靴下を見た担当保育者は，「Dくん，すごい，自分で履いたのね」とやさしい笑顔でDくんの頭をなでた。

　この事例では，日々の保育所での生活の中で，Dくんの自立に向かう気持ちを育てようとする保育者の姿や願いを感じとることができる。家庭では，ついつい大人の都合が優先され，子どもの「自分でやってみる」経験が十分に保障されているとはいえない状況がある。保育者は，そうしたDくんの生育環境，性格特性や発達の諸相を受け止めながら，自立に向けた支援を積み重ねていたと考えられる。

　乳児保育において保育者は，さまざまな生活場面の中で子どもの成長・発達に寄り添い，粘り強く声をかけ，失敗しても時間がかかっても見守ったりいっしょに取り組んだりしながら，自立に向かう気持ちを育てようとしている。こうした生活経験を積み重ねることで，子ども一人ひとりの「やってみよう」とする気持ちが引き出されていく。また，保護者にも子どもの発達課題（今，保育所で頑張っていること）をていねいに伝え，ともに子どもの成長を喜ぶ姿勢を示すことが大切である。

Q1． あなたが担当保育者だったら，Dくんに対する自立に向けた支援として，日々の生活場面でどのような励ましや声かけをしようと思いますか？　具体的な生活場面（着替え・食事・身支度等）を想定して考えてみましょう。

Q2． 子どもの健やかな成長・発達を促すためには，保護者との連携も重要です。この事例の後，保育者は，Dくんの自立について母親と話しをしました。あなたが担当保育者だったら，母親に何をどのように伝えますか？　グループで話し合ってみましょう。

1　自我の芽生え

遊びの楽しさ

(1) 乳児の遊びと保育

　乳児期は，心身ともに短期間に顕著な発育・発達がみられる時期である。乳児は，首がすわり，腹ばいの姿勢ができるようになると，みずからの視界に入る景色が一変する。こうした，新たな世界にふれ，景色の変化を感じること自体が，乳児にとっての遊びとなる。また，ハイハイやつかまり立ちなど移動手段を身につけると，目に映る物や動く物に興味をもち，積極的に働きかける姿がみられるようになる。乳児は，みずからが生きる世界を構成するさまざまな物と出会い，主体的にふれたり，なめたり，眺めたりして，直接関わることが遊びであり，そのすべての経験を通して，他者や物と関わることの心地よさやおもしろさ，不思議さを感じとっていく。特に，乳児は，特定の保育者との情緒的な絆を心の拠り所として，みずからの興味を広げる時期である。特定の保育者の膝の上で安心して絵本を見る経験を積み重ねることで，絵本をめくる保育者の手の動きに興味を示し，自分でページをめくろうとしたり，イラストのいちごをつまもうとしたりする。乳児は，生まれたときから自発的に周囲の環境に働きかける力をもっている。しかし，手指の機能など発達が未熟なため思いどおりにいかないことや，未知の世界との出会いに驚き，戸惑うこともある。保育者は，子どもの移り変わる気持ちに寄り添い，子どもが主体的に遊びを展開できるようにていねいに環境を整えることが重要である。

事例 3. 先生に見守られて（8 か月児）

AM10：00

　Eちゃんは，ハイハイで移動ができるようになり，動くおもちゃに興味を示している。保育者が保育室に設置しているさまざまなおもちゃに，みずから興味を示し，直接ふれたり口に入れたりしながら探索活動をさかんに行っている。そんなある日，保育室に新しいおもちゃが設置された。おもちゃはボール型で，子どもが手をふれるとセンサーが反応し，明るい音楽とともに不規則に転がって動くしくみになっている。Eちゃんは，新しいおもちゃに興味を示し，みずから手をふれた。すると，手がふれた瞬間におもちゃが動き出し，音楽が流れたことで，驚いたEちゃんは激しく泣き出した。しかし，すぐに泣き止むと，また触ろうとしている。興味は持続している様子である。近くで見ていた担当保育者が，「大丈夫，大丈夫」と声をかけ，笑顔で見守っていると，Eちゃんは，再びおもちゃにふれた。Eちゃんは，おもちゃの反応に驚き，さらに激しく泣き出した。そこで，「音が大きすぎるのかな？」と考えた担当保育者は，音声モードを切り，「ほら，コロコロするよ」と，みずからがおもちゃにふれ，動く様子をEちゃんに見せた。Eちゃんは，担当保育者の様子をじっと観察し，差し出されたおもちゃに，そっと手を伸ばした。今度は，転がる様子をじっと見つめると，笑顔で転がるおもちゃを追いかけて行った。

　この事例では，担当保育者が，Eちゃんの発達段階や興味に応じて保育室の環境を工夫している姿を読みとることができる。ここでは，新たに音の出る動くおもちゃを設置した。事例から，Eちゃんが積極的におもちゃに働きかける姿を想像することができる。しかし，Eちゃんにとっては音の刺激が強く，おもちゃと十分に関わることが難しいと判断した保育者は，Eちゃんの「触ってみたいけれど，音が怖い」といった気持ちを受け止め，おもちゃの音を切り，みずからがおもちゃに触れて見せることで遊びが継続するように工夫している。

　乳児は，信頼する保育者の仲立ちによって自己の予想と反するおもちゃの存在を受け入れながら，主体的におもちゃと関わり，さまざまな環境とのふさわしい関わり方を感じとっていく。保育者は，乳児の主体的な表現に共感し，乳児の物への働きかけを温かく見守りながら，遊びが繰り返し経験できるように工夫することが重要である。

Q1. 乳児の発達段階に応じて，興味を示す遊びや手づくりおもちゃについて考えてみよう。

Q2. 乳児の主体的活動を保障した保育環境について考え，保育者が配慮する事項についてグループで話し合ってみましょう。

(2) 1歳以上3歳未満児の遊びと保育

　この時期の子どもは，特定の大人との絆を基点に，人との関わりも広がっていく。集団保育の場では，特定の保育者との基本的信頼関係によって自己肯定感が育まれ，次第に周囲の大人にも関心を広げていく。例えば，「絵本を読んで」と身近な保育者の膝に座る姿や実習生にも積極的に関わろうとする姿が顕著にみられる。子どもは，周囲の大人から受容され，楽しさや温かさを共感する体験を積み重ねることで，人とともに過ごすことの心地よさを知り，大好きな保育者とともにいたいという共存の気持ちが育つ。また，大人だけでなく，身近な物との関わりも豊かになり，他の子どもへの関心も芽生え始める。保育室では，子どもが主体となり，模倣遊びや見立て遊びがさかんに行われている。時には，子どもの自我と自我がぶつかり合い，互いに譲れず手が出たり，涙が出たり，感情が爆発する場面もある。

　この時期の子どもは，身近にあるさまざまな事物や他者と直接的に関わる遊びをとおして，自己を十分に発揮することが重要である。子どもは，自分でできたこと，びっくりしたことに共感してくれる保育者の存在，葛藤する気持ちを受容して抱きしめてくれる保育者の存在に支えられながら，みずからの感情を適切に表現することやコントロールする経験を重ねていく。

事例4. かして，だめよ（2歳児クラス）

AM10：30

ひよこ組では，レストランごっこがさかんに行われている。参加している子どものほとんどが，お料理を担当するシェフである。子どもたちは，思い思いに，おもちゃのトマトやハンバーグやケーキを持ち，包丁で切ったり，フライパンをふったり，皿にごちそうを並べたりしている。そのとき，Fちゃん（1歳5か月）とGちゃん（2歳1か月）が，1枚の皿をつかんで離さない。互いに譲らない様子である。Fちゃんが「かして」というと，Gちゃんは「だめよ」といっている。言葉がよく出るGちゃんは，「私よ」，「あっちに行って」といっている。ついに，Fちゃんが泣き出してしまった。Gちゃんは，泣き出したFちゃんを見ると，慌てて自分のハンカチを出し，Fちゃんの目にあてている。Gちゃんは，ちょっと，決まりが悪そうな表情をしている。その様子を近くで見ていた保育者が，2人の所にそっと近づく。保育者の姿を見て，Fちゃんは安心したのか「だめっていった」と，自分の気持ちを伝えた。Gちゃんは，うつむき小さな声で「わたしの…」とだけいった。保育者は，2人の手をそっと握り「そうだったのね，教えてくれてありがとう」といって，2人をぎゅっと抱きしめた。そして，「Gちゃん，Fちゃんの目から涙がいっぱい出てきてびっくりしたね」と話し始めた。「Fちゃんはね，『だめよ』って言われたことが悲しかったみたいだよ」，「Gちゃんは，どうしても，この花がついたお皿が使いたかったのね」と，互いの気持ちをていねいに代弁し，言葉にして伝えながら，2人の気持ちに寄り添っている。

　この事例では，GちゃんとFちゃんの「お皿を使いたい」という気持ちがぶつかり合っている。保育者は「かして」と言えたFちゃんの気持ち，「だめよ」と返したGちゃんの気持ちの両方を受容している。保育者は，子どもの揺れる感情をしっかり受け止めながら，適切な関わり方や感情の伝え方についてていねいに伝えるように工夫している。

　この時期の子どもは，「かして」・「いいよ」という単純な応答をとおして，人との関わり方を学んでいく時期でもある。しかし，保育者は，子どもの主体的な感情の表出に留意して，子ども同士の直接的な関わりの中で複雑な感情に出会う場を見守ることも重要である。こうして，乳児期の子どもは，自我と自我がぶつかり合う葛藤体験をとおして，自分と異なる他者の存在を実感し，譲ったり譲られたり，主張したり我慢したりする経験を積み重ねながら自己をコントロールする能力が育ち，自律心の芽生えにつながるのである。

Q1. 子ども同士の思いがぶつかり合う場面を予想してみましょう。この時期の子どもたちの生活や姿をイメージしながら考えてみましょう。

Q2. Q1で予想された場面について，あなたが担当保育者だったらどのような対応をしますか？　具体的な対応や言葉がけについてグループで話し合ってみましょう。

2　遊びの楽しさ　139

学びの芽生え

(1) 乳児の学びの芽生えと保育

　子どもの学びは，生まれた直後から始まっている。乳児は出生の直後から，原始反射，五感，共鳴動作など，生まれながらにもち合わせている能力を用いて生活を始めている。乳児にとって生活や遊びのすべてが学びの機会となる。特に，集団保育の場において乳児は，基本的信頼感が形成された特定の保育者に受け入れられ，主体的な遊びの経験を積み重ねることで身近な世界のさまざまな意味を知り，心身を活発に働かせることで，発達の諸能力を獲得していくのである。乳児期の遊びの環境は，安全でシンプルな素材，おもちゃや絵本等が，いつも手の届くところにあることが，乳児の自発的な探索活動のきっかけをつくる役割をもっている。

　また，乳児は，特定の保育者や周囲の大人から愛情豊かに見守られた日々の生活や遊びをとおして，人との情緒的な絆を形成し，人や物と関わることの心地よさを実感として受け入れていくことが必要となる。こうした，乳児期から始まる学びの姿を保育所保育指針では，「生涯における学びの出発点」と位置づけ，心身の発達の基盤が形成される乳児期・1歳以上3歳未満児の保育の重要性について言及している。

事例5. 乳児の学びを支える環境づくり（10か月児）

PM4：00

　休日の午後，Hちゃんは，家庭でゆったりと過ごしている。最近，つかまり立ちが自由にできるようになり，探索行動がさかんになっている。家庭の中にあるさまざまな物に興味を示している。母親が離乳食の支度をしながら，Hちゃんの様子を見ると，充電中の携帯電話のコードを口に入れている。「Hちゃん，これは危ないよ」，「口に入れたら，だめ」とコードをとり上げた。前日には，本棚の絵本や小物入れが手あたり次第に引っ張り出され，物が散乱し，マスコットのついたキーホルダーを口に入れていた。
　母親は，何でも口に入れるHちゃんに「口に入れたらだめ」といつも注意している。手が届く範囲が広がり，片づけても，片づけても手あたり次第散らかして邪魔ばかりするHちゃんにいら立ちを感じた母親は，保育者に相談した。

　この事例にある母親とHちゃんの家庭でのやりとりから，乳児期の学びを支える環境づくりの大切さを読みとることができる。乳児が，生活や遊びのさまざまな場面で人や物に興味をもち，直接関わろうとする姿は「学びの芽生え」の行動である。保育者は，家庭と連携し，乳児の学びに向かう姿を十分に保障するためには，乳児が主体となって生活する環境の大切さについての共通理解を図り，乳児の育ちにふさわしい場づくりのために指導・助言を行うことが重要となる。

　乳児にとって口や手を使うことは，直接的に物に働きかけ，物の存在，意味，構成などを探求する大切な学習行動である。乳児が手を使い，さまざまな物にふれる経験の大切さを保護者に伝えることが求められる。特に，落ち着いた雰囲気や温かい大人の笑顔も子どもが安定して生活するために重要な環境といえる。乳児は，共感的な大人とのやりとりやいっしょに遊ぶ心地よさを感じる経験を通して，学びに向かう気持ちが育つのである。

Q1. 乳児が十分に探索活動を行うためには，手の届く所から誤飲の危険がある物をとり除くことが必要です。「誤飲チェッカー」，「チャイルドマウス」を使って，自宅や保育室等，身近に誤飲の危険性のある物について調べてみましょう。

※乳児期では直径32mm，3歳児では直径39mmの円形の中に入る物は，口に入るといわれている。

(2) 1歳以上3歳未満児の学びの芽生えと保育

　この時期の子どもは，保育者との共感的なやりとりや同年代の子どもや保育者といっしょに遊び生活することで，その経験を自分の中にとり込みながら学んでいる。保育者は，子どもの学びに向かう力を温かくていねいに受け止め，子どもが心地よいと感じる経験を積み重ねることで，みずからが積極的に人や物と関わろうとする気持ちが育つことを大切にすることが重要である。学びの主体は子どもである。子どもは，保育者が用意した環境からの刺激で学ぶのではなく，能動的に人や物と関わりを広げ，みずからが環境を探索し，直接的な体験をとおしてその環境の意味や関わり方を理解し，みずから学ぶ力をもっている。子どもが主体となり，身近な環境に積極的に関わり，自分で考え，自分の力を発揮し，緊張しながら挑戦したり，達成したうれしさや失敗した悔しさを感じたりするなど，多様な情動体験を積み重ねることも，この時期の大切な学びである。こうした，主体的な学びが保障された生活をとおして，子どもの自己肯定感が育まれるのである。

事例6．思いきり身体を使って遊びたい（2歳児クラス）

AM11：00

2歳児クラスの保育室の一角には，背の低い机の上に「ひも通し」のおもちゃが置かれていた。しかしＩちゃん（2歳2か月）は，机の下をほふく前進で通り抜け遊びをしたり，Ｊちゃん（2歳8か月）は机の上に登ったり降りたりして遊んでいる。遊んでいる2人の姿に刺激され，複数の子どもたちが机を登ったり降りたりして遊び始めた。その様子を見ていた担当保育者の呼びかけにより，2歳児クラスを担当する保育者5名で保育環境の見直しを行った。保育者は，自分で身体を動かすことが楽しくて，うれしくて仕方ない2歳児クラスの保育室に，子どもの身長や発達に合わせて，跳び箱，マット，はしごやすべり台を設置して，子どもが思いきり身体を使い，登ったり降りたりして遊ぶことができる環境を整えた。子どもたちは，はしごの間をくぐり抜けたり，跳び箱の上からジャンプしたり，すべり台から逆になって降りたりと，保育者の予想を超えるさまざまな方法で遊びを繰り広げていく。保育者は，過度に大きな声を出したり，子どもを制止したりせず，子どもがみずからの身体を十分に使って，試したり失敗したりする姿を笑顔で見守っている。

この事例からも，子どもの学びを支える環境づくりの大切さを読みとることができる。特にこの時期は子どもがダイナミックに身体を動かせるようになり，自分の身体の動きを試すような行動が顕著にみられる。手が届かない所の物をとってみる，急な下り坂を駆け下りる，穴を見つけると指を入れようとするなど，自分の身体を使ってみることで自己の有能感を実感している。つまり子どもは自己の有能さを感覚的に体験することで，自己肯定感を育てていくのである。同時に，この時期の子どもは自分の思うようにいかないとくじけたり，自分の思いをかたくなにとおそうとする姿もある。保育者は，時間的にも精神的にもゆとりある生活を保障し，ゆったりと子どもと関わり，子どもが自分で乗り越え，気持ちを立て直せることを重視した働きかを行うことが重要である。その意味では，保育者は子どもの学びを支える環境として重要な役割を担っているといえる。

Q1. 子どもの学びを支えええる役割を果たすために求められる保育者の具体的な行動や援助について，個人やグループで考え，話し合っててみましょう。

■参考文献
- 厚生労働省：保育所保育指針解説，2018
- 秋田喜代美・安見克夫編：秋田喜代美と安見克夫が語る写真で見るホンモノ保育，ひかりのくに，2016
- 高山静子編：学びを支える保育環境づくり，小学館，2017
- 秋田喜代美・馬場耕一郎：保育士等キャリアアップ研修テキスト1 乳児保育，中央法規，2018

第14章 遊びの指導・援助
―乳児保育にふさわしい遊び

1 遊びと発達の特徴

(1) 0歳～3か月頃

　3か月ぐらいまでの赤ちゃんは，かまってもらう心地よさを感じる時期である。生後間もない視覚は，鼻先25 cmくらいのものだけがはっきり見える程度である。手のひらに物を置くと握る反射行為がみられる。音にはとても敏感で，大きな物音にはびっくりして身体をこわばらせて驚き泣く。3か月頃になると，自分の意志で手足を自由に動かせるようになり，足を力一杯けることもできる。自分の手の動きを眺めたり，手を絡ませて遊んだり，口の中に入った手や指を吸ったりもする。

　運動を妨げることがないよう，手足は拘束せず，自由に動ける服装にも気を配る必要もある。次第に，自分の欲求や生理的な快・不快を示すような感情を表してくる。心地よい身体への刺激を通して，保育者との関わりをおもしろいと感じる経験がコミュニケーションの土台となる。

(2) 3～6か月頃

　4か月頃は，首がすわり，うつぶせにすると手を床につけて頭と肩をもち上げようとする。6か月頃には，仰向けの状態で頭を上げようとしたり，仰向けからうつぶせへの寝返りもできるようになる。脇の下を支えて立たせると両足で床をけるようになる。手の動き

も自由になり，片手もしくは両手でつかんだり，片方の手からもう片方の手に物を持ち替えたりもできるようになる。

この時期は，何でも口にもっていき「これは何だろう？」と口で確かめる行為がみられる。

(3) 7～9か月頃

7か月頃になると，うつぶせが苦しくなったとき，首をもち上げお腹を支点として両手・両足を床から離し，背中を反らせたグライダーポーズをとるようになる。この動作をするようになってくるのと同時くらいに，お腹を支点としてつま先で床をけり，反対の手で身体をねじってお腹を中心に左右に回転するピポットターンをするようになる。ピポットターンをするためには，子どもが興味をもつ物を，いつも手の届く目の前ではなく，ひざのあたりに置くとよい。この行為は，ハイハイにつながる行為でもある。

グライダーポーズ

ピポットターン

(4) 9か月～

10か月頃になると，つかまり立ちから伝い歩きをするようになる。身体の機能が高まり，大人の動作をまねするようになるのがこの時期である。指さしをするようになり，言葉への関心も高くなり，自分の名前や身体の部位にも興味が出て，身体感覚をとおして，いろいろな言葉を獲得する。

1歳以降になると，身近な大人とのやりとりを繰り返し楽しむ。保育者のまねをして他の人に何かをしてあげる体験を通して，他者の気持ちに関心をもつようになる。2歳になる頃には，友だちへの関心も高まる。

2 保育所保育指針

第2章第4節に示されているように，乳児保育では3つの視点（健やかに伸び伸びと育つ，身近な人と気持ちが通じ合う，身近なものと関わり感性が育つ）から，1歳以上3歳未満児の保育では5領域（健康，人間関係，環境，言葉，表現）から「ねらい及び内容」が示されている。これらの視点やねらい，内容の多くは，遊びを通して総合的に達成されていくものである。

指針の内容を理解しておくことは必要であるが，あくまでもその子ども自身の関心や興味が最優先されることが大切であり，ねらいは到達目標ではないことに留意する。

本章では，保育者とのふれ合い遊び，簡単な運動遊び，音遊び，リズム遊びなどをいくつか紹介するが，その際，遊びの援助・評価の視点として，大事な部分については表2-2, 2-3で確認されたい。

3 遊びの紹介

(1) あやし遊び・触れ合い遊び

子どもと触れ合う遊び（スキンシップ）は，親子との愛着関係を深める。スキンシップすることにより情緒が安定し，脳が成長して，免疫力も高まるなどの効果がある。特に乳児期にはたくさん触れ合うことを意識するとよい。

次に紹介する遊びでは，保育者自身が楽しみながら，愛情を込めて，ゆっくりと，ていねいに，目を合わせて話しかけることを意識し実践することが，特に大切である。

遊び1. きらきらぼし　5か月頃～

仰向けに寝かせ，子どもの手足を持つ。歌に合わせて手足をふったり，伸ばしたりする。

①きらきら 
両手を2回打ち合わせる

②ひかる 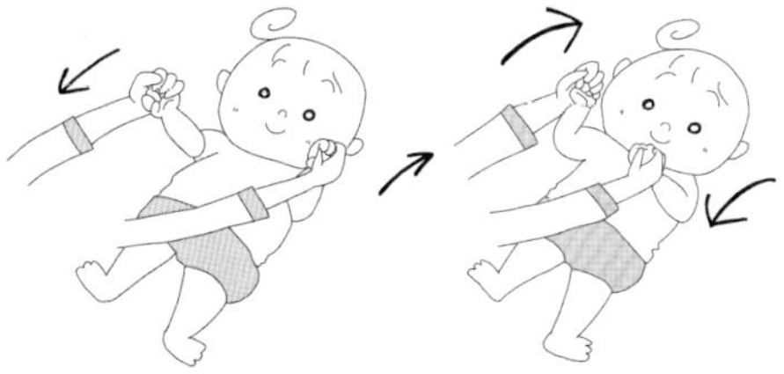
手を交互にぶらぶら

③○○ちゃんの 
両手を2回打ち合わせる

④お手て～～ 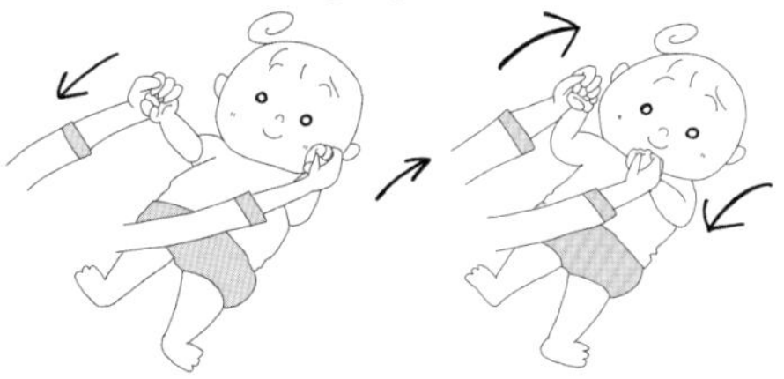
手を交互にぶらぶら

⑤まばたき 
左手と右足を持って2回打ち合わせる

⑥しては～～ 
左手と右足をふる

⑦みんなを 
左手と右足を持って2回打ち合わせる

⑧みてる 
左手と右足をふる

⑨きらきら 
右手と左足を持って2回打ち合わせる

⑩ひかる 
右手と左足をふる

⑪おそらの 
右手と左足を持って2回打ち合わせる

⑫ほしよ 
右手と左足をふる

⑬きらきらきらきら～～ 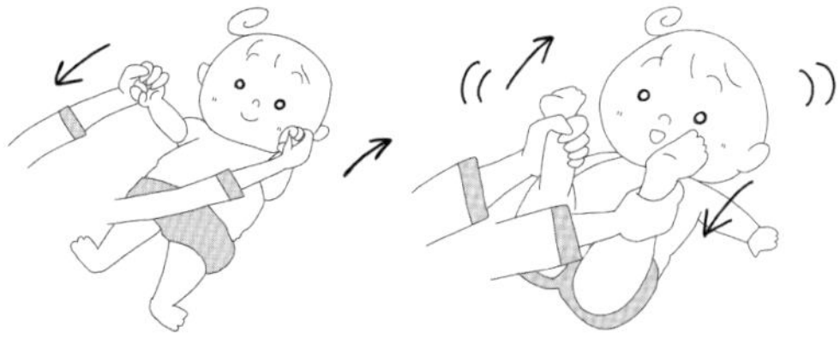
両手を持ってふる／両足を持ってふる

遊び2．いとまきのうた　1歳頃～

保育者が座り子どもを膝に座らせ，後ろから子どもの手を持って歌う。
「ひいて」は，子どもの手を持ち胸を開くような感じで上に伸ばす（深呼吸）。
「できたできた」は，子どものお腹を手で震わせてお腹のマッサージのような感じでブルブルとふる。「○○ちゃんのぼうし」では，子どもの頭（おでこの上）の前頭葉をなでる。

- ポイント

この遊びの中には，よい効果が3つ入っている。ひとつは，この時期の子どもの呼吸は浅いので，深呼吸を意図的に行い身体の中に酸素をたくさんとり入れることができ血行がよくなる。2つめは，お腹を振ることで，お腹のマッサージになる。3つめは，前頭葉をなでるとセロトニンが分泌され自己肯定感につながる。

① 子どもの手をとる

② いーとーまきまき　いーとーまきまき
子どもの手をとったままぐるぐる回す

③ ひーいてひーいて
子どもの胸を開くように手を斜め上に伸ばす

④ とんとんとん
両手をグーにしてたたく

⑤ いーとーまきまき　いーとーまきまき
子どもの手をとったままぐるぐる回す

⑥ でーきたできた
子どものお腹をさする（お腹マッサージ）

⑦ ○○ちゃんのぼうし
子どもの頭をなでる

【その他の遊び】

「一本橋こちょこちょ」　「おふねをこいで　触れ合い遊び」
「さよならあんころもち　乳幼児」　「フランスパン　触れ合い遊び」
「上から下から　触れ合い遊び」　「ぼうず　ぼうず　触れ合い遊び」
「このこどこのこ　触れ合い遊び」　「ふくすけさん　わらべうた」　など

(2) 音・リズム遊び

　音やリズムは，子どもの感覚器官を刺激し，脳や身体の発達を促す効果がある。脳の発達は，目や耳からの刺激で働きがよくなり，知能や運動能力が伸びていく。やさしくリズミカルに身体を揺らすと三半規管が刺激を受けて，運動機能の発達につながる。乳児期には表情を見ながらやさしくマザリーズ（高めの声で，ゆっくりと抑揚をつけて話しかける）で語りかけながら遊ぶと表情を豊かにして喜ぶ。

　月齢が低い時期はゆっくりと歌い，大きくなるに従って動作を大きくしていくとより楽しさが増す。2歳頃になると，保育者だけでなく友だちといっしょに楽しむ遊びを喜ぶようになる。

遊び3．きらきらぼし　1歳半頃〜

　表現豊かに，のびのびと楽しく歌に合わせて身体を動かす。
● ポイント
　向き合って手遊びをするときには，子どもが右手を使う動作では，保育者は左手を使い，鏡状態にしてみせるようにする。

① きらきらひかる — 手を表裏に返してひらひら
② おそらのほしよ〜 — 右手を腰にあてて左手を上にして
③ まばたきしては〜 — ×4回
④ みんなを見てる
⑤ きらきらひかる — 手を表裏に返してひらひら
⑥ おそらのほしよー — 右手を腰にあてて左手を上にして

遊び4．リンリンなるよ　2歳頃〜

　輪になって座り，歌いながら鈴をつけたひもを回していく。鈴の音を聞くような共感的やりとりを意識しながら行う。歌が終わるときに誰の所に鈴が来るのかを楽しむ。

●ポイント
　子どもたちの様子を見ながら，ひもをゆっくり回したり，少し早めたりして，子ども同士の会話なども意識をして行う。

「リンリンなるよ」
リン　リン　なるよ　かわいい　すずが　どこかで　リン　リン
どこかで　リン　リン　あっちで　こっちで　リン　リン　リン

【その他の遊び】

「ぞうきんの歌　赤ちゃん」　「まあるいたまご　乳幼児」
「きゅうりができた　乳幼児」　「ぎっこんばっこん」
「キャベツはキャッキャッキャッ」　など

(3) 身体を動かす遊び

　歩行が確立していない頃は，自分では身体を動かすことができないので，保育者が抱っこをしていっしょに揺れたり回ったりして遊ぶ。1歳を過ぎると自分でいろいろな動きができるようになり，音に合わせて身体を使って表現を楽しむようになる。

　自分では身体を動かせない子どもにとって，「揺れる」，「回る」を感じさせることは，とてもよい遊びになる。幼児期には，マット運動，鉄棒などで回ることを怖がらなくなり，平衡感覚が養われる。

遊び5．ぶんぶんぶん　8か月頃～

●ポイント

　子どもの首と腰にしっかりと手を添えて抱いて，歌に合わせて行う。子どもと目を合わせて，ゆっくり大きく揺れたり回ったりする。

①

赤ちゃんの頭を支え腰を持つ
しっかり支えて！

②ぶんぶんぶんはちがとぶ

子どもの目をしっかり見つめる
抱っこしながら左右にゆっくりゆれる

③おいけのまわりにのばらがさいたよ
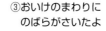

ゆっくり1周回る

④ぶんぶんぶんはちがとぶ

子どもの目をしっかり見つめる
抱っこしながら左右にゆっくりゆれる

遊び6. ぱちぱち　おじぎ　1歳半〜

自分で身体を動かせるようになってきた頃に取り入れると、子どもたちは喜んで取り組む。

【その他の遊び】

「まつぼっくり 触れ合い遊び」　「くっつきもっつき 手遊び歌」
「わらべうた いもむしごろごろ」　「あたま かた ひざ ポン」
「げんこつ山のたぬきさん」　「お舟はぎっちらこ」など

遊び7. おおかみさん　2歳半～

　2歳児になると友だちを意識し，順番や約束を理解できるようになる。2歳半を過ぎれば数人の友だちとごっこ遊びを楽しむようになる。

①もりのこみち～さんぽにいこう

手をつないで輪になり歩く
おおかみ役（保育者）は
輪の中心に座り眠ったふり

②おおかみなんか～こわくないよ

手をつないで輪になり歩く

③おおかみなんか～こわくないよ

手をつないで輪になり歩く

④おおかみさ～んおおかみさ～ん　□

口元に手をあてて呼びかける

④の □ に1～6番のせりふを入れてジェスチャーする。①～④を6回繰り返す

①番　ああ　いま 起きたところだよ

②番　いま シャツを着て いるところだよ

③番　いま ズボンを 履いている ところだよ

④番　いま 上着を着て いるところだよ

⑤番　いま 靴を履いて いるところだよ

⑥番　いま 帽子をかぶって いるところだよ

⑤「へへへ　さぁ 人間を 食べに出かけよう」のせりふの後，子どもたちを追いかける

(4) 自然物を使う遊び

　乳児は，物を口にもっていきなめたり，触ったりして触覚を発達させる。歩行ができるようになる1歳頃からは，動けることの楽しさで探索遊びが始まる。2歳になる頃には大人に興味をもつようになる。同じことをやりたくなり，模倣遊びが展開される。いろいろなものに興味をもち始める時期だからこそ，五感を使った遊びをより多く経験させることが学びをひろげ，生きる力につながる。

　ここでは，身近な自然物や素材を使ってつくれる遊具や，自然の草花などが触れ合う遊びを紹介しよう。自然物には，既成のおもちゃにはない応答的な関わりを誘い出す要素があり，子どもは指や手，耳，鼻などを使って，いろいろに楽しむことができる。都市化が進む中で，乳児期からこのような自然と触れ合う遊びの機会を大切にしていきたいものである。

遊び8．マラカスづくり

　プリンや飲むヨーグルトなどの小さめの容器などをひとつまたは2つ貼り合わせてつくる。
　容器の中に，米，小豆，大豆，小さな木の実などを入れる。入れる物による音の違いを楽しむ。

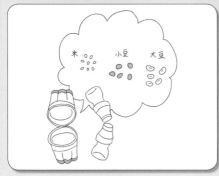
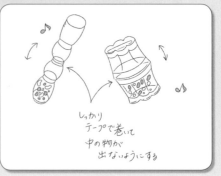

遊び9．落ち葉アートを楽しむ

　木々が色づく秋になると子どもたちは，散歩に出かけて色のきれいな葉っぱを大事そうに集める。葉っぱを，いろいろな形に見立てて，画用紙に貼って部屋に飾る。子どもの創造性を養い，工夫する力を育てる楽しい遊びとなる。

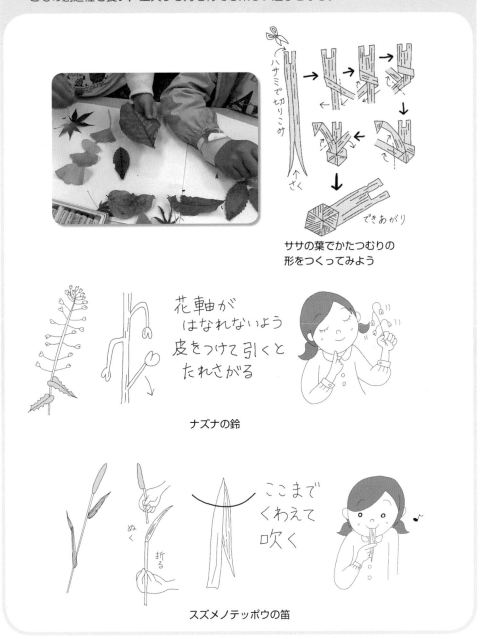

ササの葉でかたつむりの形をつくってみよう

ナズナの鈴

スズメノテッポウの笛

遊び10. しずくあつめ

雨が上がったタイミングで，園庭もしくは散歩にいった公園で行う。葉っぱについたしずくをお弁当のしょうゆ入れ（ランチャーム）で吸って集める。

遊び11. まつぼっくりの天気予報

口の大きなペットボトルとまつぼっくりと洗面器を用意する。
　洗面器に水を張り，まつぼっくりのかさが閉じるのを待つ。まつぼっくりがしっかり閉じたら，口の大きなペットボトルに入れる。天気が良い日にはまつぼっくりが開き，湿気が多い日にはまつぼっくりが閉じる。

遊び 12. エノコログサのうさぎさん

　エノコログサは一年草で，アキノエノコログサ，ムラサキエノコログサ，キンエノコロなどいくつかの種類がある。7月から9月頃にかけてみかけるエノコログサを2本とり，まとめて結ぶと「うさぎ」の形ができる。

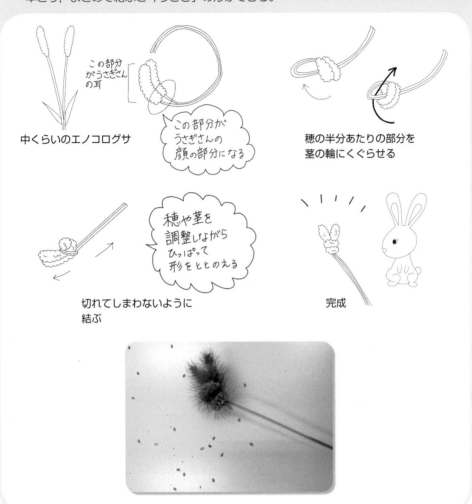

遊び13．ホウキグサでほうきをつくる

　コキア（和名：ほうき草）は，夏は緑色で，秋になると赤く紅葉する。ほうき草とも呼ばれる。

　コキアが紅葉し終わった頃に，根本のほうを切って，枝を掃きやすい形に整える。できあがったほうきで，子どもたちと掃除をする。子どもの大きさに合わせてほうきをつくるので扱いやすく，道具の扱い方も身につくようになる。子ども自身でほうきを使って掃除を楽しむようになる。

【その他の遊び】

「笹舟つくり」　　「たんぽぽの風車つくり」　　「葉っぱの笛作り」
「服にくっつく植物」　　「五感あそび 自然」など

■参考文献
・近藤　宏・野原由利子・笹瀬ひと美：子どもの図鑑　自然とくらしと遊びを楽しむ12カ月，合同出版，2010
・NPO法人東京都公立保育園研究会：子どもに人気のふれあいあそび，ひとなる書房，2005
・出原　大：毎日の保育の中で豊かな自然体験！自然＊植物あそび一年中，学研教育出版，2010

第15章 乳児保育における言葉の指導・援助
——言葉遊び・絵本・おはなし

1 言葉の発達

　すべての動物の中で人間だけが言語機能をもち、コミュニケーションをとることができる。言葉の発達は個人差が大きい。しかし、その獲得プロセスはどの乳幼児も同じで、周りの大人との愛情あふれる関わりの中で育まれる。その道筋を明らかにし、乳児期の言葉の発達を支えるために保育者が配慮すべきことをみていく。

(1) 産声から初語まで

　出生直後の第一呼吸とともに生じる泣き声を産声といい、これは反射によるものである。新生児はこの産声によって初めて肺で呼吸し、胎児循環から肺循環に切り替わる。つまり、産声があるか、あるいはそれが強いか弱いかは、この肺呼吸が十分にできているかどうかをみる指標となっている。

　生後1～2か月の頃は生理的に不快なときに泣き声を発する。あやしてくれる大人の目を注視する。また、1か月を過ぎる頃、「アー」、「クー」などの呼吸に伴う「クーイング」と呼ばれる偶発的な発声が聞かれる。

　3か月頃から、機嫌のよいときに「アー」、「ウックン」、「ウー」などと発する喃語が聞かれるようになる。喃語は意味をもたないが、周囲の大人が笑顔でそれに応えることが大切である。

　4～5か月頃になると喃語がますます活性化し、6～7か月になると「マンマンマン」、

「アブーアブー」など反復する声が聞かれるようになる（反復喃語）。さまざまな音声を出すのを楽しんでいるかのように発する。身近な大人の語りかけなどを自分なりにまねるようになる。

　生まれて間もない乳児は、発声器官の形態や構造が未成熟であるため、大人が発している言葉と同じ音を発することができない。発声行動の繰り返しや身体の成長とともに発することができるようになっていく。

　1歳近くになると、意味のある言葉を発するようになる。それを初語という。母親「マーマ」、父親「パパ」、犬「ワンワン」、猫「ニャー」、お茶・飲み物「ブー」「ブブー」、食べ物「ウマウマ」「マンマ」、寝る「ネンネ」、返事「アイ」「ハイ」、車「ブーブ」などである。家庭であっても集団の場であっても、乳児の言葉は周りの大人との密接な関係、応答的な対応の中で育まれていく。

生後6か月の乳児

0歳児との会話で大切にしたいこと

　まず、目と目を合わせてにっこりほほえみかけること。子どもは笑顔が大好き。心と心が通い合う心地よさがあるからこそ、この人と会話をしたいという気持ちが育ちます。寝返りができた、ずりはいができた、そんなときはほほえみながら言葉をかけましょう。喃語が出てきたら言葉の意味がわからなくても言葉のキャッチボールを楽しみましょう。戸外に出ることは刺激的であり、その経験が言葉を広げます。

---

(2) 語彙の増加と会話

　相手に伝えたいという意思をもって発せられる初語を一語文と呼ぶ。バナナを見たときに「バ」、りんごを見つけて「ゴ」という。「ワンワン」と発せられる一語のみの単語には「犬が来た」、「あれは犬だよ」という気持ちが表れている。このように、言葉が出始めた頃に話せる言葉は少ないが、理解している言葉は多い。

　乳児はさまざまな大人とのやりとりの中で伝えたいことを表していく。たとえ言葉で示すことができなくても、身振り手振りや表情で伝えようとする。通り過ぎる電車を見て、大人がバイバイと手をふると、子どもも同じように電車に手をふる。また、「ちょうだい」と手を差し出すと、手に持っている絵本を渡してくれる。それは大人との愛着関係のうえに成り立っていく。

　1歳半前後から2歳前後にかけて、急激に語彙が増える。早い時期から大人の声を聞き、まねして言葉を獲得していく。また、大人が乳児に働きかけるときは、普段の会話より抑揚をつけ、ゆっくりとはっきりした声で話すことが大切である。子どもの様子を見なが

ら，繰り返し言葉がけをすると乳児はよく理解でき，反応も得られる。

やがて一語文から二語文を発するようになる。「ジュース，チョーチョ」（ジュースが飲みたい）「ブーブ，ナイナイ」（車のおもちゃを片づける），「アーチャン，クック」（自分の靴である）などである。この頃は，「ネト」（猫），「コイデ」（おいで）など発音がはっきりしないことや，間違えた言葉を発することもあるが，話したい，伝えたいという意欲を大切にしていく。正しい大人の言葉を聞いてやがて，正しく言えるようになっていく。

生後 11 か月の乳児

1 歳児との会話で大切にしたいこと

　子どもは言葉を「聞いて覚える」ことで習得します。大人は，にこやかに，ゆっくり，繰り返して言葉がけをします。赤ちゃん言葉や間違えて覚えてしまった言葉は，訂正はせず，意味を理解し受け入れるようにします。一語文が出てきたら，子どもの発した言葉に続く言葉を大人が話します。「マンマ」（子）→「マンマおいしいね」，「ブーブ」（子）→「ブーブが来たね」のようです。会話は子どもの心に刻まれていきます。

（3）指さしと三項関係

　言葉は自分の気持ちを伝えたいという欲求があってこそ生まれてくるものである。また，言葉は自分の中でさまざまな考えを巡らせたり，自分の行動をコントロールする「思考の道具」である。その言葉の発達をもう一度振り返ってみたい。

　乳児は信頼できる大人に，泣くことで要求を訴えたり，喃語や一語文でコミュニケーションをとる。大人が歌を歌ったり，くすぐるなどして相手になってくれることを好む。大人との関わりが楽しいことを知っていく。

　ひとり遊びでおもちゃを手にとってふって，音を出して遊んだり，おもちゃの存在に気づき始める。こうした「乳児〜人との関わり」，「乳児〜物との関わり」を「二項関係」という（図15-1）。

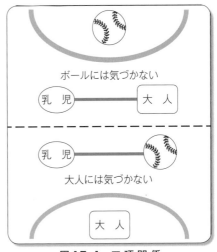

図 15-1　二項関係

ハイハイで活発に動き回る9〜10か月頃になると「指さし」が始まる。ベビーカーに乗って散歩をしているときに歩道に猫が飛び出してきた。真っ黒な猫に驚いたように指をさして教えてくれる。「ニャーニャがいたね。ニャーンって鳴くかな」と大人が応えると，子どもは共有することができたことに満足する。指さしができるようになることは，言語の発達において大きなステップといえる。

乳児は「おもちゃ・物」を通して大人と遊ぶようになる。転がっていくボールを「ボー」と指さしている。大人が両手をさし出し，「ボール，ちょうだい」というとボールを拾って，渡してくれる。「乳児〜大人〜物」が成り立つようになり，これを「三項関係」という（図15-2）。

乳児はこうして何かを見つけると指さしをして大人に知らせ，いっしょに対象を見つめることを通して，認識を形成していく。

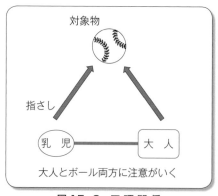

図15-2 三項関係

(4) 象徴機能の発達

1歳近くになると，自分で見たり，触ったりできる現在の世界だけでなく，経験したことを頭の中にイメージ（表象）できるようになる。りんごが出てくる絵本を見て，りんごを食べるまねをすることがある。りんごの絵を指でつまみ，口に入れたふりをしてモグモグ口を動かす「ふり遊び」。これは以前食べたりんごを思い出している行為であり，初歩的な「つもり」の行動である。

1歳後半になると表象の世界がますます広がっていく。積木を並べている子どもが「ブーブーブー」といって，積木を床で走らせている。車が好きな子どもは日頃走っているさまざまな車を見ている。その車を思い浮かべて音声をまねて，積木を車に見立てた「見立て遊び」である。このとき，積木は車を意味するものであり，シンボル（象徴）となっている。

遊びの中にも「象徴機能」の発達は反映され，砂場でカップに砂を入れて「ゴハン，ハイ」と差し出してくれる。「いいよ」と食べることを促している。本当に食べることはできないが，砂をごはんに見立てている（図15-3）。室内のままごと遊びのときは，エプロンをかけてオモチャの包丁を持ち，料理をつくるしぐさをみせる。これは母親のしぐさをまねた「延滞模倣」である。

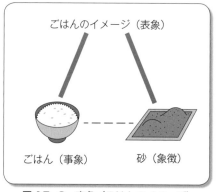

図15-3 表象（ごはんのイメージ）と象徴（砂）

(5) 内言と外言（内言語と外言語）

コミュニケーションのための言葉である「外言語」に対して，頭の中で考えるための道具を「内言語」という。発声を伴わない言語のことであり，内言語は，子どもの中の表象機能といっしょに発達していく。ひとり遊びに熱中しているときに，ひとり言をつぶやきながら遊ぶことがある。これは内面のもうひとりの自分との対話であり，内言の形成の移行期に現れる。

1歳6か月児

言葉は伝えるときだけでなく，考えるときにも使う。内言語が発達すると，子どもの中に自己調整のための機能が育ってくる。自分の内部で言葉によって行動をコントロールする力が幼児期に育っていく。

(6) 言葉の発達と自我の芽生え

2歳になると二語文も増し"主語〜述語"「ジュース，チョウダイ」や"目的語〜述語"「コウエン，イク」，"所有"「アーチャン，ボーシ」などの文法を理解するようになる。助詞が使えるようになり「テーブルの上」，「バスが来たよ」と話す。話したいことがたくさんあり，うまくつながらなくなることもあるが，子どもをせかしたり，誤りを指摘するのではなく，ゆっくりと子どもの話に耳を傾けたい。

生活面では自分でできることが増え，「ジブンデ！」とうまくできないこともあるが，やってみようとする。大人の援助が気に入らず，泣き出してしまうこともある。こうして生活の自立に向かう2歳児は，遊びも友だち同士でイメージを共有し遊ぶことができるようになる。お店屋さんごっこやレストランごっこなどでは「スパゲティーありますよ」，「カレーライスおいしいよ」など，自分がお店やレストランに行った経験から，会話を楽しむ。保育者が「コーヒーとケーキをください」とお客になると喜んで迎えてくれる。

子ども同士でのおもちゃの取り合いなどトラブルも発生するが，保育者が間に入りそれぞれの思いを聞くことが大切である。どうしたかったのかていねいに聞くことで，お互いの言い分がわかり，解決の糸口がみつかる。

また，質問が増え，「これなーに？」，「これは？」と絵本・図鑑など開き，次々聞いてくる時期でもある。何でも知りたがって尋ねてくる時期を大切にしたいものである。名詞や動詞だけでなく，形容詞，副詞などの修飾語を助詞や接続詞でつないで，文章化できるようになってくる。言葉は増え続け，3歳頃には1,000語を獲得するといわれている。

友だちといっしょが楽しい

2歳児との会話で大切にしたいこと

　子どもが一方的に話すだけでなく，やりとりができるように，大人は子どもが興味をもてる言葉がけをして，子どもが相手の会話に耳を傾ける力を育てます。
　言葉が急激に増え，ごっこ遊びがさかんになります。生活経験がさまざまなごっこ遊びに発展し，保育者が「りんごをください」，「ケーキはいくらですか」と言葉がけすることで一層遊びの世界が広がります。

2 絵本の紹介

　「ブックスタート」（Bookstart）とは，その地域（市区町村など）に生まれたすべての乳児と保護者を対象に，乳児と絵本をひらく時間の楽しさを実際に体験してもらいながら，絵本が入った「ブックスタート・パック」（絵本・絵本リスト・図書館の利用登録用紙・子育て情報など）を提供するという活動である。1992（平成4）年にイギリスで始まり，日本では2000（平成12）年の「子ども読書年」に活動が紹介された。多くの自治体で，乳幼児健康診断の実施の際に「ブックスタート・パック」が手渡されるようになった。

　乳児にとって絵本は，「読む」（read books）ものではなく「分かち合う・共にする」（share books）ものという趣旨で，乳児と保護者が，絵本を介して，ゆっくり・心ふれ合うひとときをもつことを目的とする。

　絵本は作者からのメッセージが言葉としてあり，絵は言葉で表現できない雰囲気を表現する。子どもと大人との関わりの中で存在し，心の架け橋となる。大人も楽しみ，友だちといっしょに絵本を見ることで，一層楽しみが増す。「お話」と「絵」は一体化して記憶に刻まれ，絵本の中で言葉と出会う体験は子どもの言葉や内面の世界を豊かに育んでくれる。絵本の物語の世界を子どもの中につくり出す手助けとなり，やがては童話に親しみ，文学への関心につながっていく。

(1) 乳　児

『ブルーナの0歳からの本』ディック・ブルーナ　作　講談社
　オランダのグラフィックデザイナーであるディック・ブルーナ（1927〜2017年）の絵本が日本で出版されたのは1964（昭和39）年である。子どもが初めて出会う絵本として，うさこちゃんシリーズが出版された。子どもが手にとりやすいサイズの絵本であり，単純化された絵はわかり

やすく，シンプルな線と，斬新で明解な色彩は子どもたちの支持を得た。

その後，日本でも多くのブルーナの絵本が出版されるようになり，大きな影響を与えた。『0歳からの本』は，屏風のように広げて立てることができるため，赤ちゃんは腹ばいになって見ることができる。

『いない いない ばあ』

いろいろな動物とのんちゃんが，いないいない「ばあ」と表れる。一瞬の間をとって，「ばあ」と，予想どおりに出てくると，笑い出すようになり，声が出るようになると，やがて読み手といっしょに「ばあ」といって喜ぶ。次はどうお話が展開するのか，予測する力が育っていることがわかる。ほかにも「いないいないばあ」を題材にした絵本は多数発行されているが，この絵本は1967（昭和42）年に発行されて以来，乳児の絵本として人気を集めている。

『いない いない ばあ』
松谷みよ子 作
瀬川康男 絵
童心社

『もこ もこもこ』

「しーん」，「もこもこ」，「ぽろり」，「ぱちん」，これらの言葉とシンプルな絵は子どもの心に響き，まねて言葉を発してみたりぷーとほほをふくらませたり，絵を見て何かをイメージしたりと乳児の反応はさまざまだ。乳児同士で共感し合い笑い合うこともある。読み方で反応も違ってくる。

青い「しーん」の世界。そこへ「もこ」と現れるのは何か。生まれたばかりの命，それがどんどん増えて…。大人が見てもそれから？ とさまざまな世界が広がる。

『もこ もこもこ』
谷川俊太郎 作
元永定正 絵
文研出版

(2) 1 歳 児

絵本とは，絵（美術）と言葉（文学）と装幀（デザイン）の総合芸術といわれている。絵本の表紙，裏表紙はお話と関連深いものであり，子どもたちにゆったり見せてほしいものだ。言葉・物語を聞き，子どもは身体の中で言葉を育み，次のページへの期待をもっていく。

『だるまさんが』

子どもたちは，だるまさんの動きをまねしながら，身体をゆすっている。「だ・る・ま・さ・ん・が」という部分が大好き。もちろん，ページをめくって「どてっ」となれば，今まで，ただゆすっていた子どもたちまで「どてっ」となる。

だるまさんという奇妙で愉快なキャラクターに引きつけられていく。子ども同士だるまさんのまねっこ遊びなどにも発展していく。シリーズで，『だるまさんの』，『だるまさんと』もある。

『だるまさんが』
かがくいひろし作
ブロンズ新社

『たまごのあかちゃん』

たまごの中でかくれんぼしてるのだーれ。ヒヨコはピッピッピッ，カメはヨチヨチ，ヘビはニョロニョロ…，次はどんな赤ちゃんがたまごから出てくるのかと期待して子どもたちは待っている。

子どもたちはお話の繰り返しを喜び，またピッピッやヨチヨチなどオノマトペ（擬態語・擬音語など）に心をひかれていく。乳幼児期の絵本はストーリーの繰り返しと，オノマトペが多く出てきて親しみやすいものになっている。

『まるまるまるのほん』

赤，黄色，水色，黒といったわかりやすい色づかいで，出てくる形もまるだけ。そんな単純なつくりが子どもにも伝わりやすい。これは読むのではなく，それぞれのページを押したり，ゆすってみたりして遊ぶ，楽しい絵本だ。子どもたちの動作でまるの位置が変わったり，数が増えたり，大きくなったり。参加型のこの絵本は，うわぁ～と声がこぼれる。ラスト近くの「もっともっと手をたたいて～」のあたりはみんなで手をたたいている。

「絵本のページがタッチパネルになってるよ！ アプリはきみのゆび きみのこころ」と訳者が紹介している。

『たまごのあかちゃん』
神沢利子 作
柳生弦一郎 絵
福音館書店

『まるまるまるのほん』
エルヴェ・テュレ 作
谷川俊太郎 訳
ポプラ社

(3) 2 歳 児

2歳児も後半になるとストーリーのある本に興味が増してくる。日常生活では友だちへの興味・関心が広がり，いっしょに遊ぶことを好む。さまざまな食べ物・動物への親しみ・自然の美しさに絵本の中でふれさせたいものだ。絵本の中で新たな体験ができる。

『14ひきのあさごはん』

森の朝。野いちごつんで，どんぐりの粉でパンづくり。きのこのスープもできた。みんなでつくった，朝ごはん。ねずみ家族の朝ごはんに興味をもち，自分の家の朝ごはんは…と振り返る。

新しい1日の始まり。自然の恵みに感謝し，家族とともにつつましく暮らす14匹のねずみのシリーズの絵本。美しい自然が描かれ，季節の移り変わりが描かれている。

他にも『14ひきのひっこし』，『14ひきのぴくにっく』，『14ひきのさむいふゆ』などがある。美しい自然，季節の移り変わりや愛情あふれるねずみの家族が描かれている。

『14ひきのあさごはん』
いわむらかずお 作
童心社

『しろくまちゃんのほっとけーき』

しろくまちゃんがホットケーキをつくる。卵を割って，牛乳を入れて…。「ぽたあん，どろどろ，ぴちぴちぴち」とケーキが焼きあがる音。

見開きいっぱいに描かれたホットケーキの焼ける場面は，子どもたちに大人気。おいしそう！　と思わず口に入れたくなる。遊びの中でクッキングや，また実際にホットケーキを焼く体験につながると一層楽しさが広がる。

『おんなじおんなじ』

友だちに関心をもつ2歳児は「おんなじおんなじ」の意味がわかり，楽しめる。くりくりおめめもそっくりな仲よしの友だち，ぶたの「ぶう」とうさぎの「ぴょん」。仲よしすぎて…あれっ，帽子も同じ，ズボンも同じ，持っているおもちゃまで。違うもの持っているかな…？

おそろいを持っているうれしさと，違うものをみつけたときのおもしろさが伝わってくる。初めての友だち絵本として読み聞かせたい。

『しろくまちゃんのほっとけーき』
わかやまけん 作
こぐま社

『おんなじおんなじ』
多田ヒロシ 作
こぐま社

表15-1　おもな3歳未満児を対象にした絵本

	NO.	題　名	著　者	出版社
0歳から1歳	1	じゃあじゃあびりびり	まついのりこ	偕成社
	2	がたんごとん がたんごとん	安西水丸	福音館書店
	3	おたんじょうび	まついのりこ	偕成社
	4	ごあいさつあそび	きむらゆういち	偕成社
	5	どうぶつのこども	小森厚	福音館書店
	6	くだもの	平山和子	福音館書店
	7	にんじん	せなけいこ	福音館書店
	8	あっぷっぷ	なかがわひろたか	ひかりのくに
	9	えんやらりんごの木	松谷みよ子	偕成社
	10	あがりめさがりめ	いまきみち	福音館書店

表15-1 つづき

1歳から2歳	11	はははは	せなけいこ	廣済堂あかつき
	12	ぞうくんのさんぽ	なかのひろたか	福音館書店
	13	いっぱいやさい	まどみちお	至光社
	14	あおくんときいろちゃん	レオ・レオニ	至光社
	15	でんしゃ	バイロン・バトン	金の星社
	16	ねずみくんのチョッキ	なかえよしを	ポプラ社
	17	みんなうんち	五味太郎	福音館書店
	18	まどからおくりもの	五味太郎	偕成社
	19	はらぺこあおむし	エリック・カール	偕成社
	20	おおきなかぶ	ロシア民話	福音館書店
2歳から3歳	21	ノンタンブランコのせて	キヨノサチコ	偕成社
	22	ちびゴリラのちびちび	ルース・ボーンスタイン	ほるぷ出版
	23	あっちゃんあがつく	さいとうしのぶ	リーブル
	24	999ひきのおひっこし	木村研	チャイルド社
	25	もういいかい	中野真典	BL出版
	26	三匹のやぎのがらがらどん	マーシャ・ブラウン	福音館書店
	27	ぐりとぐら	中川李枝子	福音館書店
	28	つのはなんにもならないか	北山葉子	偕成社
	29	おやおややさい	石津ちひろ	福音館書店
	30	はけたよはけたよ	神沢利子	偕成社

3　言葉遊び

(1) 人形遊び

　「ごっこあそび」の中で，人形を赤ちゃんに見立てて遊ぶ人形遊びがあるが，ここでは，保育者が人形を用いて乳児と会話を楽しむ人形遊びをとりあげる。人形は子どもの心を動かし，保育者が人形をとおして話しかけることによって，子どもは人形が語っているように感じて会話を楽しむことができる。

「いないいないばあ」は乳児が大好きな遊びのひとつである。5〜6か月が過ぎた頃，保育者がハンカチで顔を隠し，見えなくなってもそこに存在しているということがわかり始め（対象の永続性），保育者が「ばあ」と現れるのを楽しむ。指人形をポケットに入れておけば，保育者はいつでもとり出すことができる。子どもと身近な会話ができる。

「いないいないばあ」人形

【人形のつくり方と演じ方】
① 「いないいないばあ」人形：どんな人形をつくるのか決める。材料には廃品（ペットボトル，紙パック）を利用できる。箸・菜箸を使い，上下することで人形が隠れたり，出てきたりする動きができる。
② 指人形：人形との会話を楽しむ。保育者のエプロンのポケットなどに忍ばせておき，いつでもとり出すことができるようにする。子どもは，親しみをもった物には自分と同じように命がある（アニミズム）と感じ，言葉のやりとりがいっそう弾む。材料はテーブル・椅子の脚カバーを利用することで簡単につくることができる。

指人形

　素材を使い分けることでさまざまな種類の人形を手軽につくることができる。封筒を使った封筒人形，手袋を利用した手袋人形，靴下を使用したパクパク人形など，さまざまな種類がある。スチール，スポンジ，ウレタン，紙粘土などで頭をつくり，洋服をつくることもできる。

家族指人形

(2) ペープサート

　ペープサートは「紙人形劇」＝「paper puppet theater」（ペーパー・パペット・シアター）を短縮した造語であり，永柴孝堂（1909〜1984年）の命名によるものである。絵を描いた2枚の紙に棒を挟んで張り合わせる。表と裏に異なった絵を描くことによって多様な変化を楽しむことができる。登場人物を左右逆に描くことによって方向の変化を表現できる。乳児には，人・動物・果物など身近な物を描くことで，絵からイメージした物の名前，鳴き声，簡単な会話につなげることができる。

ペープサート

【製作するにあたって注意すること】
① 子どもが理解しやすい単純化した絵を描く。輪郭をはっきり描くことで見やすいものとなる。親しみやすい絵を描くようにする。演じる場所，子どもの人数に応じて絵の大きさを選んでいく。

② ペープサートに子どもが触ることを考え，危険のないように角は丸くカットする。棒（割り箸・竹ひごなど）は絵の大きさに合わせ，先が子どもにあたらないように注意する。うちわなどを利用すると手軽にできる。

③ できあがったペープサートの表面に透明なテープを張ることによって，絵を描いたクレヨンやマーカーが手につくことがなくなり，また補強にもなる。

(3) エプロンシアター

エプロンシアターは胸当て式エプロンを舞台に見立てる。背景をエプロンに縫い，ポケットを利用して，人形をとり出し，お話や歌などを演じてみせる。1979（昭和54）年，中谷真弓が考案し，保育にとり入れられるようになった。素材は布であり，温かい雰囲気がする。子どもの年齢に合った内容でゆったりと演じていきたい。

【つくり方・演じ方】

- どんなストーリーにするかを決め，使用する動物などをつくっていく。エプロンに仕掛けができ，背景を変化させることができる。
- 演じるときは全身を使って表情豊かに演じる。子どもとのやりとりも大切にする。ポケットから出てくる動物や果物を見ると，子どもは思わず言葉を発するので，会話を楽しめる。

エプロンシアター

(4) 紙 芝 居

紙芝居とは，絵を順番に引き抜いて見せながら，演じ手が物語を語って演じる日本独自のものである。文字は描画の中にはなく，裏に書いてあり，演じてもらう「芝居」を見るというおもしろさがある。

紙芝居が登場したのは1930（昭和5）年頃といわれ，1960（昭和35）年頃までは街頭での紙芝居屋の上演があり，子どもたちに人気があった。テレビの普及とともにみられなくなっていった。

登場人物のせりふをとおして物語が進行していくが，演じ手は子どもたちの反応を見て語っていく。乳児用の紙芝居は8場面の短いものがよいが，2歳児後半になれば12場面の物語も楽しめる。

【演じるにあたって注意すること】

① 子どもたちの興味・関心，年齢を考慮して物語を選ぶ。乳児用のものとして，『おおきくおおきくおおきくなあれ』（まついのりこ 脚本・画，童心社），『おいしいおいしい！』（ひろかわさえこ 作，童心社），『こうちゃんのじどうしゃ』（松谷みよ子 作，村上康成 絵，童心社），『わたしはだあれ？』（ケロポンズ 作，山田美津子 絵，教育画劇）などがある。

紙芝居舞台―閉じている(左)・開いたところ(右)―

② 演じる前には，紙芝居の順番を確認し，裏側の演出ノートにあるせりふの読み方を参考に下読みをする。ゆっくり読み，画面を変えるときの間のとり方を大切に演じていく。
③ 子どもの表情を見ながら演じる。左手で紙芝居を持ち，右手で横に抜くようにする。紙芝居を演じる舞台（写真参照）があると，一層芝居を見る雰囲気がつくられる。保育者は，舞台に向かって左側に立ち，舞台の窓を開け，始まりの期待がもてるように演じて行く。

■参考文献
・岡本夏木：子どもと言葉，岩波新書，1982
・清水民子：幼児のことばと文字，ささら書房，1983
・神田英雄：0歳から3歳，全国保育団体連絡会，2002
・今井和子：子どもとことばの世界，ミネルヴァ書房，2003
・西川由紀子：子どもの思いにこころをよせて，かもがわ出版，2004
・京都家庭文庫地域文庫連絡会：赤ちゃんにえほんを読むということ，2008
・福岡貞子・五十澤順子：乳児の絵本・保育課題絵本ガイド，ミネルヴァ書房，2009
・NPOブックスタート編著：赤ちゃんと絵本をひらいたら，岩波書店，2010
・まついのりこ：紙芝居の演じ方，童心社，2018
・駒井美智子：発達段階をふまえた乳幼児との会話法，黎明書房，2018

協力：「手づくり工房・れい」人形製作

第 16 章 指導計画を立ててみよう
―実習・模擬授業に役立つ

1　乳児保育における指導計画

　指導計画とは「全体的な計画」を踏まえて，それぞれのクラスの担任が立てる保育の計画である。「全体的な計画」とは，保育所保育指針（以下，保育指針）の総則で示された保育の目標を達成するため，各保育所の保育の方針や目標に基づき，子どもの発達過程を踏まえて保育の内容を組織的・計画的に構成し，保育所の生活の全体をとおして総合的に展開されるように作成されたものである（保育指針　第1章　総則　3　保育の計画及び評価　(1)）。つまり，2017（平成29）年改定前の保育指針に示されていた「保育課程」を示すものである。保育所保育における「全体的な計画」とは保育所保育の全体像を包括的に示したものであり，これに基づいて，各保育所はそれぞれの実態に合わせて指導計画・保健計画・食育計画等を創意工夫しながら立てていくこととなる。

　乳児保育の保育内容については，3つの視点が示されている。「健やかに伸び伸びと育つ」という身体的発達に関する視点，「身近な人と気持ちが通じ合う」という社会的発達に関する視点，「身近なものと関わり感性が育つ」という精神的発達に関する視点である。5領域においても，それらの内容はそれぞれ独立したものではなく総合的にみていくことが求められている。しかし，生理的早産であるといわれる乳児期の発達は未分化であるという特徴から，さらに複合的にみることを意識できるようになっている（第2章第4節参照）。

　いずれの視点も，1歳以上児の5領域とそれぞれ緩やかに関連している。身体的発達に関する視点は，主として「健康」，社会的発達に関する視点は，主として「人間関係」「言

葉」，また精神的発達に関する視点は，主として「環境」，「表現」と関連していると考えることができる。これは全体的な計画等を考えていくときの参考にしたい。さらにあくまでも個々の発達の様相には個人差があることを踏まえ，一人ひとりの発達に応じて，個々の計画を立てていくことが求められることに留意したい。

1歳以上3歳未満児の保育内容については，3歳以上児と同じく5領域としてとらえているものの，その内容は1歳，2歳の発達に合わせて示されている。これらの領域は3歳以上児の保育よりもそれぞれの領域が一層複雑に絡み合っていることを意識しながら，保育の内容を計画し，評価する視点を意識していきたい。

3歳以上児と同様に3歳未満児（0～2歳）に指導計画が必要なのは，乳幼児教育を行う施設において共有すべき育みたい資質・能力や幼児期の終わりまでに育ってほしい姿を見据えて，入所したときから乳幼児の育つ姿を踏まえ，計画を立てその保育を評価しながら一人ひとりの育ちを見極め，育てる責任があるからである。

指導計画には長期の指導計画と短期の指導計画，あるいは個別の指導計画の集団の指導計画がある。以下で，それぞれを紹介する。

長期と短期の事例

(1) 長期の指導計画

長期の指導計画には，年間指導計画，月間指導計画などがある。年間指導計画とは1年の育ちを見通して，それぞれの時期にどのような保育を行うのかについての計画である。月間指導計画とは，1か月間どのように保育を進めると，年間指導計画を具体化できるかをまとめた計画である。

「年間目標」や「ねらい」は，子どもの中に育つものであり，主語は「子ども」である。「年間目標」は各年齢の子どもの発達を踏まえて，1年間で育つものを見通して立てる。「ねらい」は，1年間の目標を踏まえながら，それぞれの期の季節や行事を通して育てていきたい子どもの姿を表したものである。乳児であれば，保育指針で示されている乳児保育の3つの視点を，1・2歳児であれば，同じく指針で示されている1歳以上3歳未満児の保育の5領域を意識して表していく。

指導計画における「保育者の関わりと環境構成」では，保育者が子どもに対して，どのような配慮をもって関わるのか，子どもの活動が生まれる環境構成はどのようなものかを，保育者を主語として表す。さらに「家庭との連携」では，子どもの養育は保育所等や家庭が連携・協力して行うものであることを意識し，24時間という1日の連続性をもたせることができるような配慮をする。

ここでは乳児の年間指導計画を事例として取り上げる（図16-1）。乳児は，健康で安全な環境の中で過ごすことを第一とし，著しい発達を保障する環境を整えることが必要である。また，基本的信頼関係を保育者との関わりの中からも構築することが求められる。

0歳児の年間指導計画

年間目標
- 一人ひとりの生理的欲求を満たし、保育者との基本的信頼関係を築き、安定した生活を送る。
- 一人ひとりの生活リズムをもとに、安定した生活を送る。
- 人との関わりの中で、身近なものに興味をもつ。

	1期（4・5月）	2期（6・7・8月）	3期（9・10・11・12月）	4期（1・2・3月）
ねらい	・家庭での生活リズムを家庭との連携をもとに受け止めてもらい、新しい環境に慣れるようにする。 ・保育者との基本的信頼関係を築き、安心して過ごせるようにする。	・清潔、衛生面に配慮し、沐浴や水遊びなどを楽しみ、気持ちよく過ごせるようにする。・特定の大人との情緒的なきずなを深め、周囲の環境に目を向けることができるようにする。	・一人ひとりの運動発達を促し、全身を使った遊びが楽しめるようにする。・季節の変化による体調管理を行い、家庭と連携しながら健康に過ごせるようにする。	・自分の思いを自分なりに表し、人と気持ちのやりとりを楽しんだり、言葉への関心をもてるようにする。・自分でやりたい気持ちを受け止めてもらい、満足感を味わえるようにする。
	3～6か月	6～9か月	9～12か月	12～15か月
子どもの姿	・授乳・睡眠のリズムが一定になってくる。・機嫌のよいときは声を出したり、語りかけに声で応えたりする。・自分の意志で手を動かせるようになり、手の届くところにあるものをつかもうとしたり、口に入れたりする。	・離乳食が進み、食べることを楽しむことができるようになる。・人見知りをするようになり、後追いをしたりする。・興味をもったものに手を伸ばしてつかんだり、口に入れたりする。・寝返りをしたり、ハイハイで移動することができるようになる。	・離乳食が3回食となり、自分で食べる意欲をもって、食材をつかんだりしながら食べることができるようになる。・ハイハイ、つかまり立ち、伝い歩きができるようになり、活発に移動するようになる。・生活の中で声かけられる簡単な言葉の意味がわかるようになる。・周囲のものへの関心が深まり、探索活動が活発になる。	・幼児食へと移行し、スプーン・フォークをもって食べようとする。・保育者が見守る中で座ったまま食べることができるようになる。・一人歩きができるようになり、探索行動が活発になる。・身振りなどで自分の思いを伝えようとする。
保育環境構成と関わり	・睡眠のチェックを定期的に行い、注意深く観察する。・個々の発達に留意し、睡眠・授乳のリズムを整える。・授乳、離乳食は個々にゆったりと関わる。・一対一でのふれあい遊びを行い、安心して過ごせるようにする。・個々の発達に合わせて安全なおちゃを用意し、清潔、衛生に配慮する。・職員間の連携を図り、一人ひとりの状態に応じて、働きかけを行う。	・おむつ交換は声かけやスキンシップをしながら行う。・お座り、ハイハイなどさまざまな体勢で遊べるようにする。・なめたりしても安全なものを用意し、清潔に留意する。	・食べたいという気持ちを大切にし、楽しい雰囲気の中で、ゆったりとした食事ができるようにする。・移動運動が盛んになるので、転倒などに注意し、探索行動が楽しめるような環境を整える。・言葉のモデルとなるような語りかけや人との関わりをもつようにする。	・自分で食べようとする意欲を育てることができるように、一人でも食べられるように下寧に関わる。・タイミングを見て、おまるに誘い、座ることに慣れていくようにする。・戸外に出る機会を作り、自然や人とのふれあいを体験できるようにする。
家庭との連携	・離乳食を進める上で、家庭やアレルギー等の状況を確認し、保護者と連携をとりながら行う。	・感染症をはじめとする健康や衛生に関する情報を共有し、連絡を密に取る。	・離乳食の様子を家庭と共通理解し、幼児食への移行を図る。	・自我の芽生えを共有し、これまでの成長の喜びを共有し、今後もともに成長を見守っていけるようにする。

図16-1　年間指導計画の例（乳児）

1期〜4期に区分された期ごとのねらいでは，季節の特徴を踏まえながら，養護面を中心に遊びへの広がりを意識していくことが必要である。また月齢差や個人差によって，さまざまな配慮が求められる。したがって，乳児保育では月齢別の子どもの様子を表している。1・2歳児の保育では月ごとの子どもの様子を包括的に記入することが多い。

　長期の指導計画では，それぞれの年齢に応じた身体的発達，心情面での発達を踏まえながら，乳児の自発的行動や個別の関わりを反映しつつ，クラスとしての長期的な見通しをもった計画としていくことが求められる。

(2) 短期の指導計画

　短期の指導計画とは，年間指導計画・月間指導計画を踏まえて，より具体的に内容を見通せるように計画したものである。週間指導計画（週案）や日案などがそれにあたる。3歳未満児は，日々の活動がテーマとして設定しにくい点が3歳児以上と異なる。そのため，週ごとに「週日案」として立てている保育の場もある。週の流れの中に日々の保育があり，保育が進められていることを担任同士が共通理解するためのものともなる。そのため，日々の保育の内容が具体的にイメージできることが求められる。

　週案，日案といっても，それぞれが日々，また週ごとに区切られるわけではなく，長期の指導計画によって見通した内容が連続して展開できる保育，積み上げていく経験であることを意識する必要がある。そのため，次の日，次の週へと役立てていくために評価と反省を日々行うことで，さらに子どもたちの育ち，保育の内容を深めていかなければならない。

　「子どもの姿」は前週までの子どもの様子を踏まえ，今の育ちを記述する。「ねらい」は「子どもの姿」を踏まえて，長期の指導計画で見通している育ちに向かって，この時期に何が育ってほしいかを子どもを主語として考える。「環境構成・保育者の配慮」は子ども一人ひとりの様子を見ながら，保育をスムーズに展開するために，保育者が行うことを記入する。

　ここでは1歳児の週案について例を示す（図16-2）。

5月 もも 1組　週間指導計画書
年齢：1歳児
子どもの姿　＊園生活にも慣れ、安心して楽しむ姿が見られる。

ねらい
＊生活の中ですることがわかりはじめ、しようとする姿を見ることができるようになる。
＊連休後の様子を把握し、体調や生活リズムが整うように配慮し、安心して過ごす。
＊仲立ちをしてもらうことで、友達と関わって遊ぶ。
＊安全に過ごせる環境の中で、楽しく探索する。

行事	絵本・歌など	家庭との連携
14日(月) 身体測定 16日(水) お誕生日会 17日(木) 内科検診	絵本　ぶっぶっぶ うた　のりもの 　　　歯を磨きましょう 　　　とけいのうた	・子どもの様子について ・身体測定の結果について ・家庭訪問について ・内科検診の結果について

	5月14日(月)	5月15日(火)	5月16日(水)	5月17日(木)	5月18日(金)	5月19日(土)
子どもの姿	・戸外遊びを楽しむ(大型遊具・砂場遊び) (雨天の場合は室内で新聞紙ボールを作って遊ぶ)	・シール貼り(イチゴの輪郭の中にシールを貼る)を楽しむ。	・お誕生日会を楽しむ。	・屋上遊びを楽しむ(段ボールハウス) (雨天の場合、段ボールハウスを室内で楽しむ)	・顔を模した時計の制作を楽しむ。	・自由登園
保育者の環境構成・配慮	・危険なものがないか事前に確認する。 ・戸外遊具は子どもの位置を把握し、危険がないように気をつける。 ・大型遊具はそばにつき、階段の昇降や、滑り台での転倒に注意して見守る。	・シール、台紙を用意し、それぞれシールを分けておく。 ・興味をもって行えるよう、手本を見せる。	・ホールを整え、椅子とマットを用意する。 ・楽しく落ち着いて参加できるように言葉を掛け、側につく。	・危険のないように必要なものを用意する。 ・水分補給に注意し、熱中症を予防する。	・シール、画用紙を用意する。 ・一人で難しい子どもには、保育者がシールを貼る位置を示し、援助する。	・出席児を確認し、保育室を清潔にしておく。 ・全体を見守りながら、安全に過ごせるようにする。
反省・評価	戸外遊びではそれぞれに好きな遊びを見つけ楽しんでいた。友達に興味をもち始め、いっしょに遊ぼうとしていた。取り合い等のトラブルにならないよう、気をつけて見守りたい。	シール貼りでは、自分でまだシールを台紙からはがせないような子どもいたが、進んで取り組む姿が多かった。また丸の中に貼るのが難しい子どももいるが、月齢の高い子どもはできるようになっていた。	先月の誕生日会は動き回る姿が多かったが、今月は最後まで座って参加できた。最後まで眠くなる子どもいたが、途中で眠くなる子どもが多く、月齢の低い子どもは、後ろに倒れないように注意して見守った。	気温が涼しく落ち着いて遊ぶことができた。段ボールハウスを理解し、目や口を貼ることを喜んで出たり入ったりして、興味をもって楽しむことができた。	月齢が高い子どもは、顔のパーツを理解し、シールを貼ることができた。月齢の低い子どもは理解が難しく、貼るのが精一杯だったが、保育者が側につき援助した。	戸外遊びでは砂場や滑り台で楽しんでいた。食事は全員完食することができた。

図16-2　週間指導計画（週案）の例（1歳児）

（『ひしの美保育園 週間指導案』をもとに筆者改変）

3 個別と集団の事例（月齢・年齢別）

(1) 個別の指導計画

　乳児保育においては，月年齢差や発達の個人差によって，一人ひとりの保育内容について立てられる指導計画がある。ここでは乳児の月ごとの個別の指導計画を例に考えていく（図16-3）。乳児保育対象の3歳未満児は個人差が大きく，同じ月年齢でも一人ひとりの姿は違ってくる。保育指針においても，指導計画の作成にあたって，3歳未満児については個別的な計画を作成するとされている。

　実際の記入にあたって，「子どもの姿」では個別の子どもの様子をとらえる。食事や排泄といった生活習慣に関わることや，身体・運動発達，発達に応じた活動や遊びなどを中心に具体的に記述する。

　「内容」は，子どもの姿を踏まえて，そのときに体験してほしい生活の様子や活動・遊びを記述していく。特に乳児は発達が著しいので，今の子どもの様子から次の段階へ進んでいくであろうその月の内容を具体的に書いていく。また，1・2歳児では意欲的に自発活動ができるような内容を具体的にイメージしたい。

　「保育者の配慮」では乳児であれば，基本的信頼関係を軸とした保育者との関わりによって情緒の安定を図る援助をすることとともに，食事や排泄，睡眠への配慮も必要となる。また，保育者との関わりの中から発声・発語の意欲を育てることが求められる時期でもある。1歳から2歳になると，安全な環境の中で一人ひとりの発達に応じて，適切な援助をしながら見守ることが必要となってくる。運動や言語の発達段階に応じて，子どもから目を離すことなく安全で安心な環境づくりをすることで，子どもが主体的に活動できるよう配慮することが求められる。

　また乳児保育においては，個々に対応した日課表であるデイリープログラムを作成する場合もある（図16-4）。その場合は，それぞれの食事の時間や排尿・排便，睡眠のリズムの様子（時間）を把握し，発達に応じて適宜修正を図りつつ，担当保育者をはじめとする担任同士が共通理解を深めていくことが必要となる。

(2) 集団の指導計画

　乳児保育においても，クラスごとの指導計画が立てられる。クラス全体で同じ活動を共有することで一人ひとりの育ちにつながっていく。0歳児クラスであれば，月齢によって身体機能の発達などに差があるため，月齢ごとのグループ活動の指導計画を立てることもある。個別の配慮が必要な時期ではあるが，集団保育でのメリットを生かしつつ，グループダイナミクスを活用する機会ももちたい。

　ここでは2歳児の集団の指導計画（プール遊び）について紹介する（図16-5）。

もも 0組 5月 個別指導計画

	けんた（0歳9か月）	はると（0歳9か月）	りか（0歳5か月）
子どもの姿	・朝泣くことなく保護者と離れ、ベビーカーに乗り、年上の子どもに遊んでもらうことを喜ぶ。 ・離乳食を毎回完食する。 ・一人遊びが多いが、友達が側に来ると一緒に遊ぶ姿が見られる。 ・ずりばいで後ろに下がる様子が見られる。	・朝泣くことなく登園し、玩具で楽しく遊ぶ姿が見られる。 ・離乳食がなかなか進まず、数口食べると嫌がることも多い。 ・保育者が手を添えてのつかまり立ちができるようになってきたが、バランスを崩しやすい。 ・友達が気になり、近づいて顔などを触る姿が見られる。	・日中はほとんどラックに寝転んで過ごしているが、まわりが気になり、さえぎるように見回している姿が見られる。 ・ミルクを飲む量がまちまちで、10cc飲まない時もあれば90cc飲む時もある。 ・保育者のかかわりの中で声をかけると、笑う姿が見られる。
内容	・午後のミルクを徐々に減らし、離乳食で大部分の栄養をとる。 ・友達とのかかわりを楽しむ機会を増やす。 ・ハイハイで前に進むことを喜ぶ。	・食べる楽しさを味わい、食べる量を少しずつ増やしていく。 ・いろいろな体の動きを楽しむ。 ・友達と楽しいかかわりの機会をもつ。	・天井のメリーや流れている音楽に積極的に興味をもつ。 ・ミルクの飲み込みが次第に安定してくる。 ・保育者と楽しい声のやりとりをする。
保育者の配慮	・さまざまな食材を楽しめるよう、食事の援助をする。 ・友達と関わることができるような環境を用意する。 ・ハイハイで前に進めるような遊びや玩具を工夫する。	・食事では嫌がり始めることも難しくなるので、落ち着いて食事ができる環境作りをする。 ・安全に体を動かすことができるよう、援助する。 ・友達とのかかわりが楽しいと思えるよう、見守っていく。	・周囲の環境に興味をもつことができるように工夫する。 ・その日の機嫌や朝のミルクの時間を把握し、家庭との連携を図りながら飲む量が安定していくようにする。 ・ふれあい遊びを通して手足を動かすことができるよう、関わっていく。 ・保育者とのかかわりを楽しめるよう、積極的に声をかけていく。
反省・評価	・食欲は旺盛で、ミルクの量を減らすことができている。引き続き、離乳食が進むように援助を行う。 ・ハイハイで前にいる保育者のほうへ進もうとするようになってきている。今後も安心して動き回ることができる環境を工夫していく。	・スムーズに離乳食が進まず、なかなか食べる量が増えない。本人の様子をよく観察し、落ち着いて食べることができる環境を今後も工夫する。 ・友達へ興味が向いている様子が引き続き見られる。今後も安全に注意しながら、楽しいかかわりがもてるよう援助をしていく。	・保育者と声のやりとりを楽しみ、笑い声が出てくるようになってきている。今後も引き続き楽しい声掛けをしていく。 ・ミルクの飲みが安定してきた。体調やその日の様子を観察しながら、離乳食開始に向けて家庭との連携を続けとり準備を進めていく。

図16-3 個別の指導計画の例（乳児）

（「ていしの美保育園」個別指導計画をもとに筆者改変）

デイリープログラム

	0歳児	1歳児	2歳児
7:30	順次登園 ・視診 遊 び	順次登園 ・視診 遊 び	順次登園 ・視診 遊 び
9:00	おやつ(授乳) 外気浴・遊び 睡眠(個別)	おやつ おむつ替え・排泄 遊 び	おやつ 排 泄 遊 び
10:30		おむつ替え・排泄	排 泄
11:00	給食(離乳食・乳児食) (授乳)	給 食 おむつ替え・排泄	給 食 排泄・歯磨き・着替え
11:30	午睡・遊び(個別)	午 睡	午 睡
14:00	目覚め		
14:30	おやつ	目覚め 着替え	目覚め 着替え
14:40		おやつ	おやつ
15:00	遊び(保育士とともに) (授 乳)	遊び(保育士とともに)	遊び(保育士とともに)
15:30	順次降園 (個別に睡眠・授乳)	順次降園	順次降園
16:10		おむつ替え・排泄	排 泄

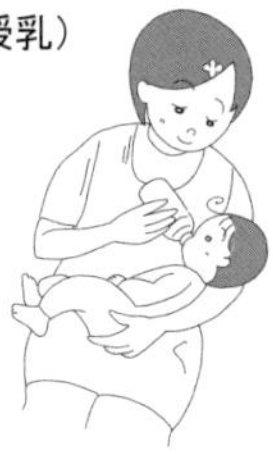

図16-4 デイリープログラムの例

2歳児　集団の保育計画

20XX年　8月　7日（　火曜日　）　天候（　晴れ　）		
りす組	2歳児	11名（男　5名、女　6名）

子どもの姿	・ほとんどの子どもが便意を伝えられるようになり、排泄に自立ができた子どももいる。 ・保育士の声かけや指示を理解し、それに沿って活動をしようとする姿が見られる。 ・水を怖がることなく、進んで水辺に寄ってくる様子が見られる。 ・水が体にかかることを楽しむ姿も見られるようになってきている。	ねらい	・自分の興味や関心に沿って、水に親しむ。 ・他の子どもたちと触れ合ったり、声を掛け合ったりして楽しむ。

時刻	環境構成	乳幼児の活動	保育士の配慮・援助
10:00	・ベランダにはタオルを敷いておく ・シャワー室からの移動がしやすいようにビニールシートをひいておく		・朝の視診から健康チェック表を確認する
10:10		・一人一人に声をかけ、排泄をすませる	・水遊びをすることを伝え、排泄を促す
10:15	（図：ベランダとプールの配置）	・絵本を読んでもらう（ぞうくんのさんぽ） ・ぞうくんたちが池に落ちるシーンを水遊びとつなげて楽しむ	・ぞうくんたちが池に落ちて水しぶきを浴びる場面を楽しめるように読む
10:20	・着替えは椅子に各自がたたむ	・水着に着替える ・脱いだ衣服を椅子の上にたたんでおく	・衣服の着脱や片付けに援助が必要な子に、適宜、援助を行う
10:25	・タオルはベランダにまとめておいておく	・着替えた子からベランダへタオルを持って行く	・タオルを受け取り、清潔な場所へ置く
10:30	・準備体操の曲を流す	・ベランダで音楽に合わせて準備体操を行う	・準備体操が楽しくできるように大きく体を動かして子どもと楽しむ
10:35		・シャワー室でシャワーを浴びる	・水が苦手な子には顔に直接当たらないように注意をしながら、シャワーを行う
10:40	・ビニールプール ・下にブルーシートを敷く ・プールの上には遮光カーテンを引く ・じょうろ　6個 ・みずでっぽう　3個 ・バケツ　6個 ・あひる　3個 ・ボール　6個 ・コップ　10個 ・おはじき20個 ☆たらい3個にそれぞれ適宜おもちゃを分けておく。おはじきはまとめて別途コップに入れておく。	・それぞれ好きなおもちゃを取り、プール遊びを始める ・じょうろやみずでっぽうで水を掛け合いながら、心地よさを楽しむ ・スポンジさかなを泳がせたり、ボールを浮かせたりして、さかなやボールの動きを楽しむ ・コップに水を入れたりだしたりして、水が流れる感触を楽しむ ・おはじきをプールの底にまき、光る様子をみたり、手ですくったりして楽しむ ・おもちゃをたらいの中に入れ、片付ける	・子どもたちが興味や関心を持ったことに積極的に関わって遊ぶことができるよう、様子を見ながら声をかけたり、おもちゃを渡したりする ・水を嫌がる様子が見られたら無視をせず、子ども自身が楽しむことができるような関わりをする ・安全に注意をしながら、水遊びが楽しめるようにする ・十分に遊んだ楽しさを味わいながら片付けるよう声をかける
11:00	・片付けができるよう、たらいをプールの側に置く	・順番にシャワー室にいき、水着をぬがせてもらい、シャワーを浴びて体を拭く ・水で遊んだ楽しさと、さっぱりした気分を味わう	・シャワー室で水着を脱ぐのを援助し、シャワーで十分に体を流す。自分でふけるところは自分で拭くことができるよう援助する ・楽しかった様子を味わえるよう声をかけたり、気持ちよくなったことに共感をする
11:10		・排泄をする ・水分補給をする	・排泄ができるよう、声をかける ・水分補給をするよう声をかける

反省と評価
A斗は着替えをするときに衣服をきちんとたたむことがまだ難しい。保育者の援助によってきれいにたためるとうれしそうに笑う姿が見られた。水の中で光っているおはじきを見て興味をもってさわる、すくう様子が見られた。H美は最初、水が顔にかかるのを嫌がって泣きそうな顔になっていたが、保育者が声をかけおもちゃを差し出すと気持ちを切り替え、水の中に手を入れてスポンジのさかなを捕るなど、周囲のものに興味を持ち始めることができた。水いぼが完治していなくて水に入れないT希も、プールの外でじょうろを使って園庭に水で線を描き、それらを動物に見立てるなどして、笑顔で走っている様子が見られた。

図16-5　集団の指導計画の例（2歳児）

4 記録と評価（振り返り）

(1) 保育の記録

　乳児保育における記録は，さまざまな形で行われている。例えば，保育者と保護者の間で，日々の子どもの様子を報告するために使われている連絡ノート（日誌）もそのひとつであろう。子どもひとりにつき，1冊の連絡ノートを用意し，保育者と保護者が記録を交換し合う。保育者は保育の場での出来事や様子を保護者に伝えるために記録をとる。また，保護者は家庭での様子を記録する。それを登降園時に渡し合い，一日の子どもの様子をお互いに確認し合うことができる。これによって家庭での情報を保育の場で生かし，保育の場の情報を家庭で生かすことができる。互いに子どもの育ちを確認し合いながら，その時々の子どもに対応するために使われる。

　保育指針解説では，保育の記録について，2つの視点をあげている。ひとつは「子どもに焦点を当てて，生活やあそびの時の様子を思い返してみる視点」，2つ目には「一日の保育やある期間の保育について，保育士等が自分の設定したねらいや内容・環境の構成・関わりなどが適切であったかといったことを見直してみる視点」としている。つまり，子どもと保育者双方からの視点であり，保育の営みを相互作用としてみることである。これらをみることで指導計画から実践，そして記録，さらには評価，そしてそれを踏まえて，次の計画，実践へと一連の流れとしての過程が繰り返される。

　こうした保育の記録を使って，さらによりよい保育を実践するための研修として活用している保育の場もある。事例検討会やビデオによる保育の検討会などもそれにあたる。保育には絶対的な正解はない。対人援助であるがゆえに，人と人の出会いによってさまざまな反応が起こる。しかしながら，漫然とそれを過ごすのではなく，その時々の経験を次の保育につなげていくことは常に求められている。そのためにも記録はおろそかにできない。第三者が見てわかる表現，具体的な表現を心がけていきたい。よく使われる言葉に「○○していて楽しそうだった」というものがある。「楽しそうだった」と思ったのは記録した保育者である。「○○していた」本人が本当に楽しかったかどうかは，これではわからない。どのような姿が「楽しそうだった」のかを書く必要がある。つまり，「○○しているAちゃんが笑顔で跳びはねていた」とすれば，確かに「楽しそう」とわかるであろう。その場にいない人にもその状況がわかる表現ができるように工夫したいものである。

　最近は保育の記録として，個別記録をパソコン上で入力する保育の場も増えてきている。手書きと違い，ファイルとして管理がしやすいというメリットがある。一方，ファイルの破損や流出のリスクというデメリットもある。もちろん，手書きの記録であっても紛失等のリスクはある。どのような形での記録であれ，個人情報であるということを常に意識しておかなければならない。

(2) 評　　価

　評価については，記録を踏まえて行われる。この評価には日々の評価や月ごと，年ごとなどの評価がある。保育指針においては保育者の自己評価，保育の場の自己評価が取り上げられている。いずれの自己評価についても，それぞれの評価は連続したものであることを意識する必要がある。日々の評価は次の日の保育へとの連続しているものであり，月ごとの評価は次月の月間指導計画へとつながっている。まずは保育者自身が日々の実践における自分の保育を評価し，改善していくことが必要である。またこれら自己評価は保育者同士が互いに見合ったり，話し合ったりすることも有益であろう。事例検討会や保育の検討会などを通して，園全体の保育の質が高まるとともに，個別の保育者の力量を高めるために活用することができる。

　忘れてはならないのは，評価の対象はあくまでも「保育」であり，子どもを評価するものではないという点である。子どもの発達についてどのような変化があったのか，その変化はどういった保育によってもたらされたのかを評価することが求められている。結果だけを評価するのではなく，その結果がもたらされるために，子どもたちはどのような興味や関心をもったのか，そのための環境はどうであったのか，どうあるべきであったかを考えていくことが必要である。

　また，保育の場においては第三者評価が実施されている。保育の場の自己評価とともに，これらの結果を保護者をはじめ地域へ示していくことが，公的施設としての責任のひとつであろう。

■参考文献
・厚生労働省：保育所保育指針，2017
・厚生労働省：保育所保育指針解説，2018
・増田まゆみ総監修：0.1.2歳児の指導計画と保育資料　第2版，学研プラス，2018
・日本保育学会編：保育学講座3　保育のいとなみ，東京大学出版会，2016
・社会福祉法人ひしの美会　ひしの美保育園：「年間指導計画書」「月間指導計画書」「週間指導計画書」「個別指導計画」，2018
・内閣府・文部科学省・厚生労働省：幼保連携型認定こども園教育・保育要領解説，2018
・無藤　隆ほか：3法令ガイドブック，フレーベル館，2017

第17章 保護者との連絡の方法

1 クラスだより・連絡ノートの書き方

　保育の場では，日頃の子どもの様子をクラスだより，連絡ノートを使って保護者に知らせている。特に乳児は，保育の場での出来事を言葉で伝えることが難しい。そのためクラスだよりや連絡ノートは，保護者にとって保育内容や保育者の思いを知る手段のひとつであるともいえる。

　クラスだよりは，月ごとであったり，活動ごとであったりと発行回数はさまざまであるが，クラスみんなが経験したことや保育者がどのような思いをもって保育に取り組んでいるのか，活動を通じて子どもたちの成長を改めて記入する場でもある。クラスだよりを読むことで，保育者の思いやクラスの様子が伝わるようにしたい（図17-1）。

　連絡ノートは，保育の場と保護者が子どもの成長を共有する手段のひとつである。乳児では子どもから一日の様子を聞くことは難しいため，睡眠，食事，排泄といった家庭での様子を知らせてもらうことで，保育の場でみえない子どもの生活リズムを知り，保育の場での体調や遊びの様子を伝えることで，家庭ではみられない子どもの一面に保護者が気づくこともある。

　連絡ノートによる，保育の場と保護者との情報交換で，より子どもの成長を確認することができ，保護者の悩みや不安に寄り添うきっかけにもつながる。そのためにも，子どもの育ちをわかりやすく伝えられる連絡ノートをめざしていきたい（図17-2）。

記入のポイント

1. 子どもの姿や育ちを具体的に書く

　保育の場での様子を具体的に書くことで，保護者が子どもの成長に気づき，喜びを味わうことができる。「おもちゃに手を伸ばしていましたよ」，「友だちの後を追い，ハイハイでついていきました」など子どもの興味・関心や動きなどを具体的に記入したい。

2. 保育者，保護者が互いに意見を書けるように書く

　保護者から発信された意見に答えず，違ったことを書いてしまうと意思の疎通にはならない。一方的に書くのではなく，相手の思いを読み解きながらていねいに対応していきたい。

3. 否定的な記述は避ける

　否定的な表現を使うと，読み手の印象が悪くなり，時として誤解を招くおそれがある。「遊びに誘いましたが，来ませんでした」とあれば，「うちの子は遊ばなかったのか？」，「その後は誘ってもらえなかったのでは？」と受け止められてしまう。そのような場合は「今日は，○○ちゃんは車のおもちゃに興味をもっていたので，積み木に誘っても来ず，車で遊んでいました。しばらくすると，積み木のほうにも来てくれましたよ」と肯定的に書き，詳しく状況を書き足すことでわかりやすくなる。

4. 記入してこない保護者とは登降園時にコミュニケーションをとる

　保護者の中には，さまざまな事情を抱えており，「毎日，同じだから何を書いたらよいかわからない」などの理由で連絡ノートに記入しないケースもある。しかし，子どもの大事な情報のひとつであるため，記入していただくよう促していきたい。困難な場合は，個別に声をかけコミュニケーションを図ることで情報を共有していく必要がある。

　入園して、1か月がたちました。初めは、泣き声が多かった子どもたちですが、少しずつ遊びだす子も増えてきましたよ。保育士が絵本をもってくると、何人かの子どもたちは集まってきます。子どもたちにとって居心地のよい環境づくりをし、安心して過ごせるようスキンシップをとっていきたいと思います。

　天気の良い日には、戸外遊びをします。
　プランターいっぱいに咲いているチューリップを見つけては「あっ、あっ」と指を指す子どもたち。
ちょうちょが飛んできたときには、驚いている子やうれしくて手を伸ばす子など様々です。
　今後も、戸外に出る機会を増やし自然の中にある発見を子どもたちと一緒に楽しんでいきたいです。

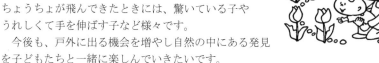

　給食に少しずつ興味を持つ子が増え始めてきました。自分で食べる喜びを味わえるよう、手づかみ食べをしている子は、褒め食欲につなげています。しばらくの間は、エプロンや口拭きタオルの汚れがひどくなってしまうかもしれませんが、子どもたちの頑張っている証拠です。お手数をお掛けしますが、お洗濯のご協力よろしくお願い致します。

おねがい

保育園では、着替えをし、おむつ替えを行います。登園時に履いてきたオムツに名前の記入をお願いします。
また、肌着にも名前を記入してください。
よろしくお願いします。

図17-1　クラスだよりの例（0・1歳児）

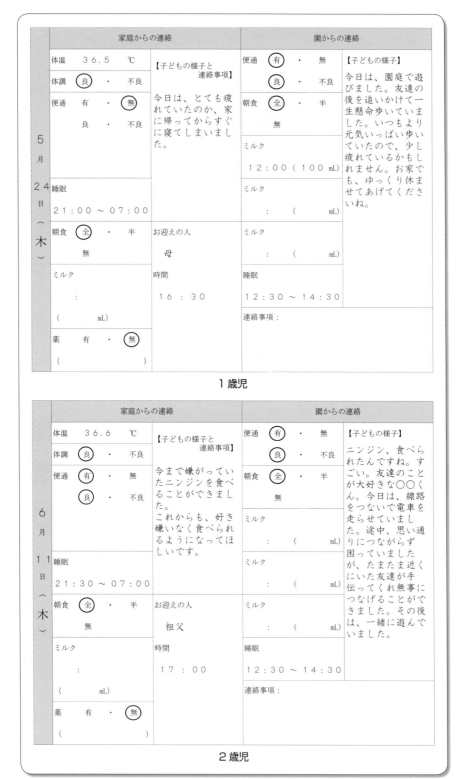

図17-2 連絡ノートの記入例(1・2歳児)

保護者との面談・相談のポイント

　個人面談では，あらかじめ日程を決め保護者と調節をし，行っていく。保護者が保育者と向き合って話すことのできる貴重な場であるため，有意義な時間にしていきたい。そのためには，保護者の質問を事前に聞いたり，子どもの様子をまとめておくなど準備をするとよい。また，そこで知りえた個人情報は他者に口外しない（プライバシーの保護）。保護者からの要望や相談内容等については，ひとりで抱え込まず，園長らに相談をし，必要に応じて職員会議で情報を共有するなど，園全体で改善に努めることも重要である。

　クラス懇談会，保護者会といったクラスの保護者が集まって保育者と話をする場は，クラス運営における保育目標，その時期の子どもの育ちを伝える場でもある。また，保護者同士の交流のきっかけの場としても重要な役割を果たすため，保護者同士の自己紹介や，家庭での子どもの様子やいま困っていることなどを一人ひとり話してもらう時間をつくり，楽しい交流が広げられるようにしていきたい。

保護者からの質問例

1. 個人懇談

　・保育所では，どのように過ごしていますか？
　・給食は自分で食べていますか？
　・おむつはどのようにして外したらいいですか？
　・友だちと遊べていますか？

2. クラス懇談会

　・クラスの様子を教えてください。
　・各ご家庭では，食事をどのように進めていますか？
　・寝る時間が遅くなってしまいますが，みなさんはどうされていますか？
　・下の子が生まれ，赤ちゃん返りがひどいのですがどうしたらよいですか？

Q1.【話し合ってみよう】保護者からの質問例に応じてなんと答えるかを，グループで話し合ってみましょう。そしてあなたなら，どのような対応をしますか？

地域・親への子育て支援

　子ども・子育て支援新制度により,「すべての子育て家庭を対象に,地域のニーズに応じた様々な子育て支援を充実」が掲げられ,地域や家庭で子育てをしている保護者支援の範囲が広げられた。利用者支援として,子育て家庭や妊産婦の困りごと等に合わせて,幼稚園・保育所などの施設や,地域の子育て支援事業などの情報の提供や紹介などを行い,地域子育て支援拠点として子育て相談の場とすることができる。また,一時預かりとして,急な用事や短期のパートタイム,就労のほかリフレッシュしたいときなどに保育所などの施設や地域子育て支援拠点などに子どもを預けることができる。そのほかに,ファミリー・サポート・センター,子育て短期支援,病児保育,放課後児童クラブ,乳児家庭全戸訪問,養育支援訪問,妊婦健康診査などがある。

　これらは,保護者以外に子どもをみる人がいないという保護者の支援をするものであり,利用者数が増加している。

　保育の場では,地域交流や子育て支援の一環として園庭開放,未就園児の「あそぼう会」なども企画されている。(図17-3)

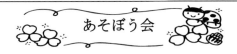

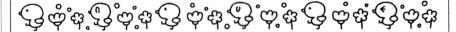

図17-3 「遊ぼう会」開催案内の例

Q1. あなたが住んでいる地域には，どのような種類の子育て支援の場があるのか，調べてみましょう。

■参考文献
・今井和子：保育を変える　記録の書き方　評価のしかた，ひとなる書房，2009
・内閣府：子ども・子育て支援新制度なるほどBOOK，2018

さくいん

あ

愛着	14, 122
愛着関係	52, 133, 160
愛着行動	122
遊び	55, 67, 136, 138
遊びの環境	46, 119
アトピー性皮膚炎	81
あやし遊び	146
アレルギー疾患	80, 95
安定した情緒	49

い

一語文	53, 160
一時預かり	34, 188
1歳児保育	101, 102
衣服	107

う・え

ウイルス	75
産声	159
衛生管理	76
エプロンシアター	170
絵本	56, 58, 164, 167, 168
延滞模倣	162

お

応答的な関わり	126
音遊び	149
おむつ	43, 111, 112
おもちゃ	46
音楽遊び	56
おんぶ	110

か

外言語	163
家庭的保育事業	30
紙芝居	56, 170
紙人形劇	169
身体を動かす遊び	151
環境	65, 143
感染症	75

き

気管支喘息	81
危機管理	80
企業主導型保育事業	33
季節保育所	3
虐待	15, 82, 94
吸啜反射	14, 39
教育	18
共同注意	53
居宅訪問型保育事業	31
記録	181

く

クーイング	159
グライダーポーズ	145
クラス懇談会	187
クラスだより	183, 185

け

月間指導計画	173
健康観察	73
原始反射	39

こ

口唇探索反射	14, 39
五感	60
個人面談	187
子育て安心プラン	88
子育て援助活動支援事業	34
言葉	53, 159, 163
言葉遊び	168
子ども・子育て支援法	25
子ども・子育て支援法及び認定こども園法の一部改正法の施行に伴う関係法律の整備等に関する法律	25
子どもの最善の利益	15
粉ミルク	113
個別の指導計画	177, 178
5領域	19, 23, 146

さ

サーキット遊び	60
災害	80
細菌	75
サムグリップ	61
三項関係	38, 53, 65, 162
3歳児保育への移行	71
産前産後休業	99
三大アレルゲン	81

し

自我の拡大	103
自我の形成	64
自我の芽生え	101, 132, 134, 163
事業所内保育事業	31
自己肯定感	138, 142, 143
仕事・子育て両立支援事業	25

事故防止	78, 80
資質・能力	19
施設型給付	25
自然環境	118
自然物を使う遊び	154
SIDS	41, 76, 95, 116
児童救護法	3
指導計画	172
児童福祉施設の設備及び運営に関する基準	117
児童福祉法	5
児童保護	2
社会事業法	5
社会的微笑	38
週間指導計画（週案）	175, 176
集団の指導計画	177, 180
週日案	175
授乳	42, 113, 114
守秘義務	16
受容的な関わり	126
障害	82
小規模保育事業	28
象徴	162
象徴機能	53, 162
情緒的な絆	122, 133, 136
食育	106
食行動	106
食事	105
食事の環境	119
食物アレルギー	81
初語	160
新聞紙遊び	68
信頼関係	129, 130

す

随意運動	39
睡眠	107, 116
睡眠の環境	41
スキンシップ	124, 125

せ・そ

清潔	108
清拭	43
生理的微笑	38
0歳児保育	99, 100
尖指対向	52
全体的な計画	172
専門性	92
造形遊び	56
粗大運動	39

た

待機児童	10, 88
第三者評価	182
抱き方	108, 109
託児所	3, 4
多職種連携	84
短期の指導計画	175
探索活動	48, 50, 55, 127
担当制保育	40

ち

地域型保育給付	25
地域型保育事業	11, 28
地域子育て支援拠点事業	34
地域子育て支援事業	34
地域子ども・子育て支援事業	25
地域連携	87
着脱行動	107
長期の指導計画	173
調乳（粉ミルク）	113

つ・て・と

追視	14
つもり遊び	63
手洗い場の環境	119
デイリープログラム	177, 179
トイレットトレーニング	113

な・に

内言語	163
喃語	38, 159
二項関係	65, 161
二語文	53, 161
2歳児保育	103, 104
日案	175
乳児院	5, 32
乳児家庭全戸訪問事業	34
乳幼児身体発育曲線	37
乳幼児突然死症候群	41, 76, 95, 116
認可保育所	5
人形遊び	67, 168
認定区分	11, 26
認定こども園法の一部改正法	25

ね

寝返り	144
寝かせ方	109
ねらい・内容（乳児）	21
（1歳以上3歳未満児）	22
年間指導計画	173, 174

は

歯	51
把握反射	39
パーセンタイル曲線	37
排気（げっぷ）	42
排泄	43, 51, 106
排泄の援助	111
排泄の環境	119
排尿	43, 106
排便	107

発達（乳児）	44
（1歳児）	50
発達課題	135
反射行為	144
反復喃語	160

ひ

微細運動	40
人見知り	38
ピポットターン	145
ヒヤリ・ハット	80
評価	182
表象機能	162

ふ・へ

複数担任制	40, 83
ブックスタート	164
プライバシーの保護	187
触れ合い遊び	146
ペープサート	169
ベビーホテル	7

ほ

保育室の環境	118
保育士の数	117
保育所	5, 27
保育所保育指針	8, 21, 22, 121, 146
保育の環境	117
保育の質	90, 91
保育の目標	117
保育ママ	30
保育利用率	10
保護者との連携	85
母子健康手帳	74
拇指対向	52
母子保護法	5
母体免疫	75

ま

学びの芽生え	140, 141, 142
まねっこ遊び	63
慢性疾患	82

み・も

見立て遊び	63
3つの視点	20, 146, 172
沐浴	43
モロー反射	13, 39

ゆ・よ

指さし	38, 65, 162
養護	17, 64
幼保連携型認定こども園	27

り

リズム遊び	149
リトミック	60
離乳	106
離乳食	42, 115
利用者支援	34, 188
リレーごっこ	67

れ

冷凍母乳	114
連絡ノート	181, 183, 186

〔編著者〕　　　　　　　　　　　　　　　　　　（執筆分担）
髙内　正子　　関西学院大学教育学部　　　　　　第 2 章
豊田　和子　　名古屋柳城女子大学こども学部　　第 1 章
梶　　美保　　皇學館大学教育学部　　　　　　　第 3・8・9 章

〔著　者〕（五十音順）
石井　浩子　　京都ノートルダム女子大学現代人間学部　第 4・10 章
柏　　まり　　岡山県立大学保健福祉学部　　　　第 13 章
後藤　由美　　名古屋柳城短期大学　　　　　　　第 12・17 章
笹瀬　ひと美　愛知江南短期大学　　　　　　　　第 14 章
髙井　芳江　　名古屋芸術大学人間発達学部　　　第 15 章
土谷　長子　　皇學館大学教育学部　　　　　　　第 16 章
長倉　里加　　高田短期大学　　　　　　　　　　第 11 章
深澤　悦子　　広島都市学園大学子ども教育学部　第 6 章
森　　知子　　聖和短期大学　　　　　　　　　　第 5・7 章

（イラスト：梶　みちる）

健やかな育ちを支える
乳児保育 I・II

2019 年（平成 31 年）4 月 20 日　初版発行
2021 年（令和 3 年）9 月 1 日　第 3 刷発行

編著者　髙内　正子
　　　　豊田　和子
　　　　梶　　美保
発行者　筑紫　和男
発行所　株式会社　建帛社　KENPAKUSHA

〒112-0011　東京都文京区千石 4 丁目 2 番 15 号
　　　　　　電　話　(03) 3944-2611
　　　　　　FAX　　(03) 3946-4377
　　　　　　ホームページ　https://www.kenpakusha.co.jp/

ISBN 978-4-7679-5112-6　C3037　　　　　教文堂／常川製本
©髙内, 豊田, 梶ほか, 2019.　　　　　　　Printed in Japan.
（定価はカバーに表示してあります）

本書の複製権・翻訳権・上映権・公衆送信権等は株式会社建帛社が保有します。
JCOPY〈出版者著作権管理機構　委託出版物〉
本書の無断複製は著作権法上での例外を除き禁じられています。複製される場合は、そのつど事前に、出版者著作権管理機構（TEL03-5244-5088, FAX 03-5244-5089, e-mail : info@jcopy.or.jp）の許諾を得て下さい。